SPIEGEL
BUCH

Buch

Die Entwicklungsgeschichte des Menschen liefert wenig Grund zur Überheblichkeit. Der Blick in die Vergangenheit offenbart eine denkbar unspektakuläre Abstammung. Nichts schien ausgerechnet die Primaten als diejenige Tiergruppe auszuzeichnen, aus der Herrscher über das irdische Leben hervorgehen könnten. Dank einer Reihe erstaunlicher Zufälle entwickelt sich der aufrecht gehende Homo sapiens in beständig sich beschleunigendem Tempo schließlich zum Erfinder der Kultur. Die Geschichte einer einzelnen biologischen Art splittert sich nun auf in Tausende Einzelgeschichten.

Zwei wesentliche Stränge der historischen Entwicklung werden hier aus der faszinierenden Vielfalt hervorgehoben. Von der Steinzeit zu den letzten Geheimnissen der ägyptischen Hochkultur im Pharaonenstaat führt uns der eine, während der andere den Rückschritt zu den wenig bekannten Wurzeln unserer mitteleuropäischen Kultur verfolgt. Dies ist ein Buch nicht nur über die Geschichte des Menschen, sondern auch über diejenigen, die diese Geschichte schreiben: die Wissenschaftler verschiedener Disziplinen, die Licht in die Vorgeschichte zu bringen suchen.

Autoren

Johann Grolle, Jahrgang 1961, studierte in Berlin und Paris Physik. An das Studium schloß er eine Ausbildung an der Hamburger Journalistenschule an. Seit 1991 ist er Redakteur im Wissenschaftsressort des SPIEGEL, wo er sich vor allem mit Themen im Bereich der Gentechnik, Biologie und Evolution befaßte. Seit 1995 ist er Leiter des Ressorts.

Matthias Schulz, Jahrgang 1957, studierte Germanistik und Philosophie. Er ist seit 1988 in der Hamburger Wissenschaftsredaktion des SPIEGEL tätig, wo er die Themenschwerpunkte Medizin, Geschichte und Archäologie betreut.

JOHANN GROLLE
MATTHIAS SCHULZ

WIEGE DER MENSCHHEIT

Unseren Vorfahren auf der Spur

GOLDMANN

Originalausgabe

Umwelthinweis:
Alle bedruckten Materialien dieses Taschenbuches sind chlorfrei und umweltschonend.
Das Papier enthält Recycling-Anteile.

Der Goldmann Verlag
ist ein Unternehmen der Verlagsgruppe Bertelsmann

Originalausgabe November 1998

Die für dieses Buch bearbeiteten Texte erschienen erstmals im SPIEGEL in den Heften 42-44/95; 52/95-2/96; 31/97 und 44/96
Umschlaggestaltung: Design Team München
Druck: Presse-Druck Augsburg
Verlagsnummer: 12955
Lektorat: Katharina Fokken
KF · Herstellung/DTP: Martin Strohkendl
Made in Germany
ISBN 3-442-12955-9

1 3 5 7 9 10 8 6 4 2

Inhalt

Vorwort

von Johann Grolle

Aus Zentralafrika stammt eine Affenart mit höchst bizarrem Verhalten: Ohne erkennbaren Grund versammeln sich die Tiere immer wieder in Gruppen, um im Verlaufe allgemeinen Schnatterns in Anfälle unwillkürlicher, krampfhafter Atemstöße auszubrechen.

Das laute, hilflose, wechselseitig verstärkte Gruppenkeuchen kann so stark werden, daß es die Tiere förmlich lähmt. Doch weit davon entfernt, derartige Zustände zu meiden, scheinen einige von ihnen geradezu süchtig danach zu sein.

Dieses im Tierreich beispiellose, groteske und unproduktive Verhalten hat diese Affen nicht daran gehindert, zur erfolgreichsten Spezies des Planeten Erde zu werden. In über fünf Milliarden Exemplaren bevölkern sie mittlerweile nicht nur Afrika, sondern auch alle anderen Kontinente. Ihr wissenschaftlicher Name ist Homo sapiens, das beschriebene Verhalten heißt Lachen.

Der Mensch lacht und weint nicht nur, er gebärdet sich auch sonst absonderlich. Er läßt sich durch etwas auf Papier verschmierte Tinte zu Tränen des Glückes rühren oder kann darüber in tiefste Verzweiflung fallen. Er beobachtet stundenlang Licht, wie es durch einen Zelluloidstreifen auf eine Leinwand fällt, vor Spannung und Angst stockt ihm dabei fast der Atem.

Er kann eine befremdliche Passion für das Herumrücken von Holzfiguren auf einem schwarz-weißkarierten Brett oder für das Sammeln gezackter Papierschnipsel entwickeln. Oder er stürzt sich ohne jede Not unter Gefahr für Halswirbel und Oberschenkel auf Plastiklatten unwirtliche Berghänge hinunter.

Diese und eine Vielzahl anderer im Tierreich einzigartiger Verhaltensformen machen den Homo sapiens zu einem so bemerkenswerten und ungewöhnlichen Produkt der Evolution, daß der Mensch seine Herkunft lange Zeit leugnete. Weit davon entfernt, sich als Wesen aus der Werkstatt der Natur zu betrachten, sah er sich als Ebenbild Gottes, dem die natürliche Rolle zukomme, alle seine Mitgeschöpfe zu beherrschen.

Dennoch förderte die Forschung gerade in den letzten Jahren zutage, wie stark der Mensch von seinen biologischen Wurzeln bestimmt ist. Nicht nur seine Anatomie, sein Gebiß und seine Sinnesorgane weisen ihn als einen Primaten aus, auch sein Verhalten ist weitaus äffischer, als er es gerne wahrhaben will.

Wie nahe der Mensch seinen tierischen Verwandten steht, veranschaulicht ein Bild, das der englische Evolutionsforscher Richard Dawkins sich vorstellte: Würde ein Hamburger all seine Vorfahren in einer Kette aneinanderreihen, so stieße er schon in Göttingen auf einen Schimpansenmenschen – jenes Wesen, aus dessen Brut sowohl der Mensch als auch sein ungleicher Vetter, der Schimpanse, hervorgingen.

Die Wanderung entlang dieser imaginären Ahnenkette offenbart noch eine andere Eigentümlichkeit der menschlichen Entwicklung: ihre verblüffende und sich beständig beschleunigende Geschwindigkeit. Anfangs scheint die Menschwerdung den Zeitgesetzen der biologischen Evolution noch zu gehorchen. Über Tausende von Generationen hin ist der Wandel so unscheinbar, daß selbst der sorgfältigste Beobachter überfordert wäre, sollte er die winzigen Veränderungen in Anatomie und Verhalten benennen, die sich Generation für Generation vollziehen.

Auf dem Weg von Göttingen bis in die Lüneburger Heide zeichnet wenig Menschliches die Wesen der Ahnenkette aus. Zwar laufen sie bereits auf zwei Beinen, die Anatomie ihres Skeletts ähnelt erkennbar derjenigen des modernen Homo sapiens. Dennoch schnattern sie wie Affen, nachts schlafen sie in den Bäumen, den Gebrauch von Werkzeugen haben sie noch nicht erlernt: Ihr Verhalten weist sie zweifelsfrei als Tiere aus.

Selbst auf den nächsten Kilometern in Richtung Norden bahnt sich nur sehr allmählich der bevorstehende Siegeszug an. Immerhin beginnen die Menschenahnen, sich miteinander durch Worte oder zumindest klar voneinander zu unterscheidende Laute zu verständigen. Doch noch immer entstammen sie kleinen Horden, die sich als unscheinbare Mitglieder in die Tierwelt der Steppe eingliedern.

Erst auf dem Hamburger Stadtgebiet beginnt sich die Veränderung plötzlich zu beschleunigen. Der erste echte Homo sapiens reiht sich erst jenseits der Stadtgrenze, in den Harburger Villenvierteln, in die Dawkinsche Menschenkette ein. Die biologische Menschwerdung ist beendet. Etwa gleichzeitig gewinnt ein zweiter Prozeß langsam an Fahrt: Der Homo sapiens wirft seine biologischen Fesseln ab und treibt die Entwicklung der Kultur voran.

Die gesamte Kulturgeschichte, beginnend mit den ersten gemalten Mustern auf steinzeitlichen Höhlenwänden und schließlich mündend in den Bau von Chipfabriken, Mikrowellenherden und Dreilitermotoren, vollzieht sich auf dem kurzen Weg von Elbbrücke zum Rathausmarkt.

Plötzlich, auf den letzten Metern der Ahnengalerie, begegnen wir altägyptischen Bierbrauern, römischen Gladiatoren und mittelalterlichen Mägden. Der gesamte weltverändernde Prozeß der Industrialisierung schließlich benötigte nicht mehr als zehn Generationen.

Diese abrupte Beschleunigung ist nicht nur das bemerkenswerteste Charakteristikum des menschlichen Sonderwegs, die Erfindung der Kultur ist zugleich auch die Errungenschaft, auf die sich das Bewußtsein des Menschen gründet, etwas Besonderes zu sein. Keinem anderen Geschöpf gelang es, Herr über die eigene Fortentwicklung zu werden.

Dieser Prozeß, das langsame Erwachen eines kulturbegabten Geistes, der schrittweise Abschied aus der Natur, ist Inhalt des ersten Teils dieses Buches. Er schildert, wie Wissenschaftler der verschiedensten Disziplinen Puzzlesteine zusammengetragen haben und so zu einem immer klareren Bild der Menschwerdung gelangen.

Dieses Studium der biologischen Wurzeln läßt den Homo sapiens in gänzlich neuem Licht erscheinen. Es beschreibt ihn als eines von Millionen Geschöpfen der Natur und beraubt ihn damit eines großen Teils seiner vermeintlichen Einzigartigkeit. So zwingt der Durst nach Erkenntnis den Menschen zu einer bescheideneren Sicht der eigenen Erkenntnisfähigkeit.

Denn die Entwicklungsgeschichte des Homo sapiens liefert wenig Grund zu Überheblichkeit. Sie erweist sich keineswegs als evolutionäre Erfolgsstory. Im Gegenteil: Der Blick in die Vergangenheit offenbart eine denkbar unspektakuläre Abstammung. Nur einer Aneinanderreihung erstaunlicher Zufälle ist es zu danken, daß die Vorfahren des Menschen im Wettstreit mit ihren oft weit überlegenen Konkurrenten nicht untergingen. Nichts schien ausgerechnet die Primaten als diejenige Tiergruppe auszuzeichnen, aus der ein Herrscher über das irdische Leben hervorgehen könnte.

Doch nicht nur Desillusionierendes hält die Paläoanthropologie bereit. Indem sie den Menschen als ein Wesen beschreibt, das von der Umwelt seiner Vorfahren geformt wurde, deutet sie viele seiner Eigenschaften neu. So entpuppt sich, neben Großhirn und Fingerfertigkeit, die Tiefenschärfe und die Farbigkeit der Bilder, die unsere Augen ans Hirn senden, als wichtigstes Erbe der Primaten. Die nach innen gewinkelten Oberschenkel erweisen sich als eine statische Lösung, die den Schritt vom torkelnden Wanken der Menschenaffen zum wohlbalancierten Gang des Menschen ermöglichten. Und die durch ein wachsendes Hirn erzwungene vorzeitige Geburt offenbart sich als Schrittmacher der sozialen Entwicklung.

Auch viele Aspekte des menschlichen Verhaltens lassen sich als Produkt der Entwicklungsgeschichte begreifen. Dem rätselhaften Phänomen der Sprache und den traditionellen Rollen der Geschlechter, aber auch der Religion, Kindererziehung und Ernährung widmen sich die Evolutionsforscher.

Nun soll hier keineswegs der Eindruck erweckt werden, die evolutionäre Neudeutung sei abgeschlossen. Dies ist ein Buch nicht nur über die Geschichte des Menschen, sondern auch über jene, die diese Geschichte schreiben: die Forscher, die in detektivischer Kleinarbeit Licht in die Vorgeschichte zu bringen suchen.

Ihre Diskussionen spiegeln freilich nicht nur den enormen Erkenntnisgewinn der letzten Jahre wider. Sie offenbaren auch, auf wie wackligem Grund viele ihrer Hypothesen stehen.

Selbst der kleinsten Knochenwölbung suchen die Anthropologen noch Geheimnisse zu entlocken. Oft sind sie gezwungen, sich auf dürftige und extrem unvollständige Indizien zu stützen. Wenige fossile Hüftknochen, Schädelfragmente und Rippen, einige versprengte Faustkeile und Kohlereste müssen ihnen reichen, um eine Jahrmillionen währende Entwicklung nachzuzeichnen. Und fast allmonatlich schürfen die Forscher neue Knochen aus dem Sediment Afrikas oder Asiens, die sie nötigen, ihre Vorstellungen zu modifizieren oder gar zu revidieren.

Doch so fragwürdig manche der Spekulationen auch sein mögen, so umstritten viele Details bleiben, so zeichnen sich doch, als Fazit heftig geführter Debatten, die Konturen der Menschwerdung immer deutlicher ab. Maßgeblichen Anteil daran haben auch Wissenschaftler anderer Disziplinen, die ihre Erkenntnisse einspeisen in eine sich langsam formierende Anthropologie neuer Gestalt: Paläoklimatologen rekonstruieren, welchen Anteil der Wandel des Klimas an der Formung des Menschen hatte. Ökologen lassen die Tier- und Pflanzenwelt wiederauferstehen, in denen er sich behaupten mußte. Genforscher vergleichen das Erbgut von Schimpanse, Gorilla und Homo sapiens und schließen daraus, wann sich ihre Wege trennten. Und Verhaltensforscher studieren die Intelligenz der Menschenvettern, um abschätzen zu können, mit welchem geistigen Rüstzeug der Vormensch ausgestattet war.

Die Synthese dieser Ergebnisse ermöglicht es inzwischen, die ersten Kapitel des menschlichen Werdegangs zu schreiben. Als Entwicklung in drei Schüben läßt sich der Wandel vom Menschenaffen zum Menschen darstellen: Erst richtete sich der Vormensch auf seine Hinterbeine auf; eine grundlegende Neugestaltung des Skeletts war die Folge. Dann, rund drei Millionen Jahre später, begann das Gehirn anzuschwellen; die Grundlage für die Sprache, die soziale Struktur und den Werkzeuggebrauch wurde gelegt. Erst in den letzten hunderttausend Jahren schließlich setzte der Mensch zum Endspurt an: Er erfand die Kultur.

Wenig später sollte sie zum machtvollen Antrieb der weiteren Entwicklung werden. Zugleich jedoch stellt sie die Historiker der Frühgeschichte vor ein paradox anmutendes Problem: Zwar werden plötzlich die Indizien an den Siedlungsplätzen von ehedem reich und vielfältig. Statt weniger Knochen- und Steinsplitter zeugen nun Höhlengemälde und Skulpturen, Waffen aus Elfenbein und Knochen, Perlen, Schmuck, Musikinstrumente und prunkvolle Grabanlagen vom Leben der Urmenschen.

Doch je üppiger die Überreste, desto unübersichtlicher wird die Faktenlage. Wo zuvor die Geschichte einer einzelnen biologischen Art zu erzählen war, splittert sie sich nun auf in Hunderte und Tausende von Einzelgeschichten: Jeder

Stamm, jedes Volk und jede Kultur zeichnet sich durch andere technische, religiöse oder soziale Eigenheiten aus.

Mit den dramatischen Umwälzungen am Ende der Altsteinzeit, einer regelrechten Kulturexplosion vor rund 20.000 Jahren, endet der erste Teil dieses Buches. Jeder Versuch jedoch, die Folgezeit in ähnlicher Weise als geschlossene Geschichte zu erzählen, wäre zum Scheitern verurteilt. Zu vielfältig und verschiedenartig sind die Pfade, die von den einzelnen Völkern beschritten wurden. Statt dessen sollen hier nur zwei einzelne Fäden der historischen Entwicklung aufgegriffen werden, stellvertretend für eine Vielzahl anderer Stränge, die nicht weniger faszinierend wären.

Der zweite Teil dieses Buches wendet sich jenem Ort der Erde zu, an dem die Archäologen, detailreicher als irgendwo sonst, den Schritt von der Steinzeit zur Hochkultur nachvollziehen können: dem Ägypten der Pharaonen. Der dritte und letzte Teil schließlich befaßt sich mit den lange vernachlässigten kulturellen Wurzeln unseres eigenen Volkes: mit dem Erbe der Kelten und Germanen.

Das fruchtbare Niltal scheint wie geschaffen für kulturgeschichtliche Betrachtungen. Nicht nur ist die Welt der Pyramiden und Pharaonen seit jeher von der Aura des Geheimnisvollen und Rätselhaften umgeben. Die Wüstenoase gleicht auch einem weitgehend abgeschlossenen Laboratorium. Nur hier war das Überleben einer Kultur über 3000 Jahre hin möglich – eine Kontinuität, wie sie weltweit ohne Beispiel ist.

Von der Einigung des ägyptischen Reiches vor rund 5000 Jahren bis zu Kleopatra, der Geliebten Julius Cäsars, reicht die Ära der Pharaonen. Zwar unterbrechen tiefgehende Zäsuren am Ende des Alten, des Mittleren und des Neuen Reiches den Fluß der Geschichte. Dennoch gelang es den Ägyptern jeweils aufs neue, ihr Nilreich zu stabilisieren und alte Traditionen fortzusetzen.

Nur in homöopathischen Dosen sickerten Einflüsse von außen durch den Wüstengürtel, der Ägypten umschließt. Dieser Tatsache ist es zu danken, daß im Niltal über die Jahrtausende hin ein so einzigartiger kultureller Mikrokosmos gedieh. Nirgendwo sonst können die Archäologen so wie hier den plötzlichen Aufstieg eines Steinzeitvolkes zur Hochkultur studieren. Kein anderes Volk hinterließ ähnlich reichhaltige Dokumente aus der Zeit nach seiner kulturellen Geburt.

Denn anders als in Mesopotamien, am Schwarzen Meer oder in der Ägäis müssen sich die Forscher hier nicht Schicht um Schicht durch eine sich rasch wandelnde Kulturgeschichte graben. Und anders als dort geben schriftliche Überlieferungen über viele Jahrhunderte hin kontinuierlich und detailliert Auskunft über Sitten, Arbeitsleben und soziale Strukturen.

Der Ursprung des faszinierenden Pharaonenstaats jedoch war den Forschern lange Zeit ein Rätsel. Es war, als seien die Pyramiden, jene steinernen Monumente menschlicher Willenskraft, geradezu aus dem Nichts in den Himmel gewachsen. Keinerlei Indizien deuteten auf eine Vorläuferkultur hin, die eine Blütezeit angekündigt hätte. Ohne jede Vorstufe schienen die Ägypter ihre bizarren Steingebirge aufgetürmt zu haben.

Erst in den letzten Jahren gelang den Ägyptologen ein erster Einblick in die faszinierende Zeit des Umbruchs, in der die Grundlagen gelegt wurden für den spektakulären Senkrechtstart der Nilkultur. 300 Jahre dauerte nach neuesten Erkenntnissen die blutige Zeit der Gärung, während der die Völker Süd- und Nordägyptens um die Vorherrschaft im Niltal rangen.

Aber nicht nur über die Kriege, die der Reichsbildung vorangingen, lassen die jüngsten Forschungen Rückschlüsse zu. Das Verständnis der Vorgänge in dieser Phase ermöglicht es zugleich, gleichsam Zuschauer bei der Entstehung einer Hochkultur zu sein. Prototyphaft läßt sich studieren, wie sich soziale Kasten bildeten und wie eine hocheffiziente staatliche Verwaltung entstand: entscheidende Voraussetzungen für die Errichtung der steinernen Hinterlassenschaft.

Als Triebfeder der Entwicklung erweist sich dabei das Geistige: Gleichsam als Abfallprodukt der biologischen Evolution hatte der Mensch die Einsicht in die eigene Sterblichkeit gewonnen. Diese betrübliche Erkenntnis, eine unvermeidliche Begleiterscheinung wachsender Vernunft, kann für den Urmenschen ursprünglich kaum ein Vorteil im Überlebenskampf gewesen sein. Und doch wurde sie in Ägypten zum Motor des Fortschritts.

Mit schier unvorstellbaren Anstrengungen stemmten sich die Ägypter gegen den Tod. Die Priester einer religiösen Sekte, die dem Sonnengott Re huldigte, hatten den Herrschern die Unsterblichkeit versprochen. Diese Verheißung ließ sie bald zum wichtigsten Machtfaktor im entstehenden Staatsgebilde aufsteigen. Inzwischen häufen sich die Indizien dafür, daß es diese Re-Priester waren, die den Bau der Pyramiden vorantrieben, um dann für die Pharaonen die spektakulärsten Himmelfahrten der Weltgeschichte zu inszenieren.

Der dritte Teil dieses Buches führt in eine denkbar andere, doch nicht weniger faszinierende Welt, die von den Geschichtsbüchern meist ausgespart bleibt. Der Schulunterricht pflegt sich nach der Behandlung der ägyptischen Hochkultur der Blüte des Mittelmeers zuzuwenden: Im antiken Griechenland blühten Philosophie und Literatur. Auf den sieben Hügeln der künftigen Stadt Rom schickte sich ein kleines Volk an, ein Weltreich zu gründen. Wie selbstverständlich zählen die Namen Alexanders des Großen oder der Kaiser Cäsar, Augustus und Nero zum Allgemeinwissen.

Seltsam unbeachtet jedoch ließen die Historiker lange ein Volk, das bereits zum Machtfaktor in Mitteleuropa aufgestiegen war, als der Name Rom noch nicht über die Grenzen Mittelitaliens hinaus bekannt war. Schon um 500 vor Christus siedelten an Seine, Rhein wie Donau keltische Stämme.

Bekannt ist diese Kultur den einen in Gestalt der mythischen Gralsritter Parzival und Lancelot oder des sagenumwobenen Zauberers Merlin. Die anderen kennen sie, unter dem Namen »Gallier«, als wackere Barbaren, die in einem kleinen Dorf dank ihres Mutes und eines Zaubertranks den Legionen Julius Cäsars trotzten. Aber wer weiß schon, daß Turin, Budapest und selbst Ankara keltische Gründungen sind? Wer vermutet in ihnen Meister der Erzverhüttung und des Wagenbaus?

Überlebt hat der Ruf der Kelten als eines Volks unheimlicher Magier und mistelschneidender Druiden – eine Legende, die keineswegs gänzlich unberechtigt ist. Tatsächlich hat die keltische Kultur auch eine magische und schaurige Seite. Mit bizarren Schädelritualen suchten sie ihre Angst vor

Wiedergängern zu beschwichtigen. Die Zukunft lasen sie aus sprudelndem Blut. Und sie hinterließen Kultplätze, die gewaltigen Halden von Menschenknochen gleichen.

Weitgehend vergessen hingegen ist die andere, die lichte Seite dieser Kultur. Erst in jüngster Zeit haben sich die Archäologen auf die Spurensuche begeben und dabei keltische Bergwerke und monumentale Mausoleen freigelegt. Sie mußten erkennen, daß die Kelten zu den besten Waffenschmieden der Vorzeit zählten, daß sie Kupfer, Blei und Quecksilber förderten und daß sie bei der Formung von Glas allen zeitgenössischen Völkern überlegen waren.

Unbekannt wie ihre verblüffenden Errungenschaften ist auch der Völkermord, dem sie zum Opfer fielen. Zwar liest jeder Lateinschüler den »Bellum gallicum« Julius Cäsars im Unterricht. Daß aber der Eroberungszug, den der Imperator darin schildert, für rund zwei Millionen Kelten Tod oder Sklaverei bedeutete, bleibt unerwähnt.

Die Geschichte der keltischen Kultur ist damit nicht nur ein faszinierendes Kapitel der mitteleuropäischen Vergangenheit, sie ist zugleich auch eine Lektion über die Gesetze, denen das historische Gedächtnis gehorcht. Die Römer begnügten sich nicht damit, der keltischen Blütezeit ein abruptes Ende zu setzen. Sie tilgten sie auch aus der Erinnerung. Die schaurigen Rituale der Besiegten malten ihre Geschichtsschreiber in grausigen Einzelheiten aus. Ihre technischen Errungenschaften verschwiegen sie.

Dabei mutet das Volk der Kelten in mancherlei Hinsicht erstaunlich modern an. Handel und Handwerk waren ihre Stärken – eben jene Gewerbe, die viel später zur treibenden Kraft der Neuzeit werden sollten. Ihre straff organisierten

Bergwerke erschienen manchem Forscher wie vorindustrielle Großunternehmen.

Um so mehr mutet es wie eine eigenartige Ironie der Geschichte an, daß die Deutschen nicht die keltische Hochkultur, sondern das zweite große Volk Mitteleuropas, die Germanen, zu ihren Ahnen erklärten. Nicht die in Süddeutschland dominierende Druiden und Schmiede, sondern die blonden Siegfriede aus den norddeutschen Mooren gelten als Stammväter der Deutschen.

Kulturell ist diese Vorliebe der Deutschen für das nördliche Volk kaum erklärlich. Denn ganz anders als die Kelten glich das Reich der Germanen einem Drittweltland der Antike. All die zivilisatorischen Errungenschaften des Nachbarvolks waren ihnen fremd. Und mehr noch: Sie schienen gegen die Verlockungen der Kultur resistent. Auch über Jahrhunderte hin färbten weder die keltischen noch die römischen Einflüsse auf die germanischen Horden ab.

Einzig militärisch waren sie erfolgreich: Während die keltische Kultur unter dem Ansturm Julius Cäsars zusammenbrach, rannten die Legionen der Römer vergebens gegen die germanischen Guerillakämpfer im Osten an. Nirgendwo wurden ihre Streitkräfte vernichtender geschlagen als bei der legendären Schlacht im Teutoburger Wald. Und auch alle weiteren Versuche der Römer, die Hinterwäldler jenseits des Rheins zu besiegen, scheiterten.

Nur allmählich räumen die Historiker mit dem Ruf des heldenhaften Kriegers Germaniens auf, der den Urdeutschen nach diesen Siegen anhaftet. Weniger brillanter Kriegführung oder gar fortgeschrittener Waffenkunst verdankten die Germanen ihre militärischen Triumphe. Die Römer scheiterten vielmehr am Terrain. Ihre Legionen waren überfordert mit der logistischen Aufgabe, einen Feldzug in der unwegsamen Wildnis zu führen.

Die eigenartige Abfolge der Kulturen auf deutschem Boden wirft ein ungewöhnliches Licht auf die Gesetze der kulturellen Evolution. Zweifellos ist die Kulturgeschichte als Ganzes die Geschichte eines beispiellosen Fortschritts. Während sich die Organismen der Natur nur in Jahrmillionen verändern, wandelt sich die Kultur im Verlaufe weniger Jahrhunderte. Und dennoch zeigt das Beispiel Deutschlands, wie wenig kultureller Fortschritt dabei zum Naturgesetz wird.

Nicht die fortgeschrittene Kultur der Kelten trotzte den römischen Armeen. Die ungeschlachten Siegfriede gingen als Sieger der Völkerschlachten hervor. Und mehr noch: Getrieben von Hunger und Not, waren es diese unzivilisierten Horden, die auf der Suche nach einem besseren Leben in Italien einfallen sollten. Sie trugen damit einen maßgeblichen Teil dazu bei, daß Europa, nach Jahrhunderten römischer Hochkultur, eine düstere Zeit des Niedergangs bevorstand.

I.

Siegeszug aus der Sackgasse

Neue Knochenfunde vom Urmenschen und die Entstehung des Homo sapiens

von Johann Grolle

Der aufrechte Gang

Vielleicht war er krank. Oder war er unglücklich gestürzt? Er könnte sich auch, von einem Wundfieber geschwächt, in einer Grube verkrochen haben. Sicher ist nur, daß ihn die Hyänen nicht fanden. Ihre kräftigen Zähne hätten Spuren auf seinen Knochen hinterlassen.

Er war ausgewachsen, als er starb, das beweisen die voll ausgebildeten Backenzähne. Doch maß er, auch wenn er sich auf seine Hinterbeine aufrichtete, kaum mehr als 1,20 Meter – zu groß zwar, um ein Weibchen zu sein, so vermutet sein Entdecker Tim White, doch für ein Männchen eher schmächtig, soweit sich das aus den spärlichen Überbleibseln seiner Artgenossen schließen lasse.

So sei es wahrscheinlich, daß er eines der untergeordneten Männchen in seiner Horde war. Nur durch List und geschicktes Bündnis mit anderen vermochte er sein Recht gegen das dominante Männchen durchzusetzen.

Erst jetzt, 4,4 Millionen Jahre nach seinem Tod, steht ihm eine Karriere als Star bevor. Jetzt warten Hunderte von Vor- und Urmenschenforschern in aller Welt auf die ersten Fotos seiner Knochen, um sich dann über die Frage zu streiten: Wieviel an ihm ist Mensch?

Noch liegen seine Knochen, weit über 100 Splitter und Fragmente, in einem unscheinbaren Laborschuppen hinter dem Nationalmuseum von Addis Abeba: Bruchstücke von Schädel und Becken, Arm- und Beinknochenteile und, besonders spektakulär, fast vollständig erhaltene Hand- und Fußskelette – ein Dokument aus der Geburtsstunde des Menschengeschlechts, das vielen Vorzeitforschern als bedeutendster Fund der letzten 20 Jahre gilt.

Schon einmal hatte der amerikanische Anthropologe Tim White einen Boom der Vor- und Urmenschenforschung ausgelöst, als er 1974, gemeinsam mit seinem Kollegen Donald Johanson, auf die rund 3,2 Millionen Jahre alten Knochen von Lucy gestoßen war, einem Weibchen der Vormenschenart »Australopithecus afarensis«.

Endlich, so schien es damals, war eine Urahnin der Menschheit gefunden, eine Urmutter, die bereits den schützenden tropischen Wald verlassen und sich auf zwei Beinen in die offene Savanne gewagt hatte.

Zehn Jahre später barg Richard Leakey am Ufer des Turkana-Sees in Nord-Kenia das Skelett eines Jungen, der schon wesentlich weiter auf dem Weg der Menschwerdung vorangeschritten war.

Die große, schlanke Statur, die kräftigen Beine und kurzen Arme, das große Gehirn, die zurückgebildeten Zähne: die 1,6 Millionen Jahre alten Schädelknochen und Gliedmaßen des

jungen »Homo erectus« zeigten bereits alle typischen Merkmale moderner Menschen. »Hier«, erklärte Leakey pathetisch, »offenbart sich die Geburt des Menschlichen.«

Lucy, der Vormensch, und der Urmensch vom Turkana-See: das waren noch Anfang der neunziger Jahre die beiden einzigen, wenigstens halbwegs vollständigen Skelette, die sich aus der Vor- und Frühgeschichte der Menschheit erhalten hatten. Sonst gab es nur einzelne Zähne, Knochen und Bruchstücke. Und auch diese waren nie älter als 3,8 Millionen Jahre. Vor dieser Zeit gähnte eine fossile Lücke, aus der jegliche eindeutige Hominidenreste fehlten.

Nur eines war bekannt: In dieser Lücke mußte die Zeit der Menschendämmerung liegen, in der die entscheidende Weiche gestellt wurde, jene Weiche, an der sich der evolutionäre Weg zweier ungleicher Vettern trennte. Der eine sollte sich zum Herrscher des Planeten entwickeln; dem anderen stand eine von seinem Verwandten bedrohte Existenz im afrikanischen Regenwald bevor.

Es gelang Tim White erstmals der Blick auf diesen frühesten Akt der Menschwerdung. Denn der Menschenaffe, den White in der Steinwüste des äthiopischen Middle-Awash-Beckens ausgegraben hat, ist nach seiner Überzeugung ein enger Verwandter jenes Zwitterwesens aus Affe und Mensch, jenes gemeinsamen Urahnen von Mensch und Schimpanse, nach dem die Paläontologen seit Jahrzehnten fahnden. »Mit dem neuen Skelett sind wir ganz dicht an der Wurzel«, versichert White.

Allerdings wird es noch einige Zeit dauern, bis der Forscher seinen Schatz, Ardipithecus ramidus (»Bodenaffe von der Wurzel«) getauft, den neugierigen Kollegen präsentieren wird. Zuvor will er die Umgebung der Fundstätte erneut durchforsten, Schicht um Schicht des erodierten Hanges abtragen und den Schutt nach weiteren Teilen des Skeletts durchsieben. »Ich bin absolut sicher, daß wir noch mehr finden«, verspricht er.

Auch viele der bereits geborgenen Fundstücke hat er noch nicht ausgewertet. Noch liegen sie, von schützendem Gips ummantelt, in einer Kiste voll Sand. Jetzt gilt es, die Jahrmillionen alte Sedimentkruste Korn um Korn von dem kostbaren Fund herunterzukratzen. Jedes freigelegte Knochenteil wird vorsichtig mit Kunstharz getränkt und so gehärtet. Erst dann kann es vermessen und mit anderen Knochen verglichen werden.

Denn der Menschenaffe von Middle Awash ist extrem schlecht erhalten. »Bei Lucy hatten wir es leichter«, erinnert sich White. »Damals lagen fast alle Knochen auf der Oberfläche.« Diesmal hingegen mußten die Forscher fast das gesamte Skelett aus metertiefem Gestein herausschälen. 4,4 Millionen Jahre chemischer Erosion haben an den Knochen genagt, haben sie brüchig gemacht und verformt, manche sogar nahezu zerstört.

So werden sich Whites Kollegen noch gedulden müssen, bis sie seine Antworten auf die Fragen bekommen, die sie alle interessieren: War der Menschenaffe von Middle Awash wirklich, wie White mutmaßt, ein Männchen? Zeugen Schulterblatt, Schädelbasis und Becken bereits vom grundlegenden Umbau des Körpers, den das Sich-Aufrichten auf die Hinterbeine bedeutete? Oder zeigen die Hände noch Zeichen des Gehens auf den Fingerknöcheln, wie sie bei Schimpanse oder Gorilla zu finden sind?

Sicher ist nur eines: Es wird erbitterte Debatten darum geben. Denn die Paläoanthropologen sind eine streitsüchtige Zunft. Umkämpft sind nicht nur wissenschaftliche Details: Gehören die Knochen zu einer neuen Art? Gar zu einer neuen Gattung? Handelt es sich wirklich um einen Urahnen des Menschen oder doch nur um einen Uronkel? Ist Whites Fund, wie mißgünstige Paläontologen bereits argwöhnen, gar kein Vorfahr der Menschen, sondern möglicherweise eine Art Urschimpanse?

Oft geht es um mehr: um Geld, Ruhm und Terrain. Denn Vor- und Frühmenschenknochen sind rar. Ein einziger Unterkiefer kann ausreichen, einen Wissenschaftler berühmt zu machen. »Es gibt eben mehr Hominidenforscher als Ho-

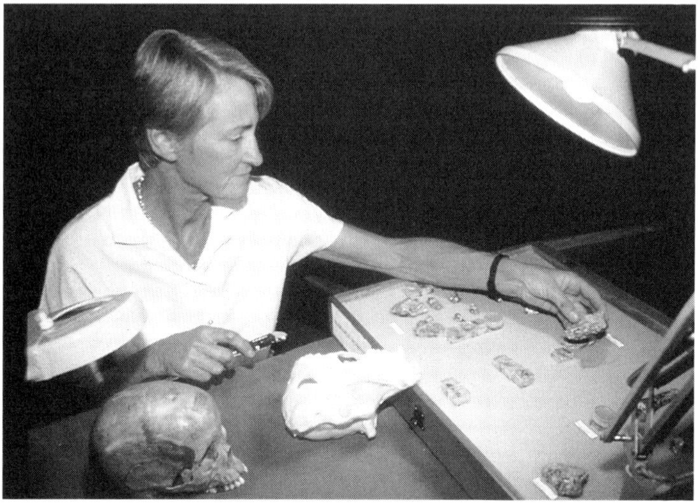

Urmenschen-Forscherin Meave Leakey mit Schädeln vom Homo sapiens und vom Schimpasen sowie mit den neuen Knochenfunden vom Australopithecus

Urmenschen-Forscher Tim White bei Ausgrabungen in Äthopien

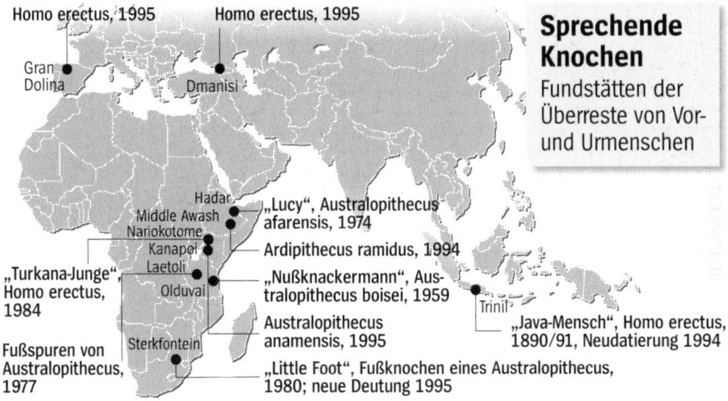

minidenfunde«, spottet der Darmstädter Paläontologe Friedemann Schrenk. »Da schlägt man sich um jeden Zahn.«

Der Weg zum Ruhm ist teuer, und er führt nur über Schürfrechte. Die aber sind schwer zu bekommen. Der Zugang zu jedem Quadratmeter des steinig-kargen Sedimentbodens im ostafrikanischen Rift-Tal muß in langwierigen Verhandlungen den widerwilligen afrikanischen Behörden abgerungen werden. Die Afrikaner sehen in den Weißen oft nur neokolonialistische Fossildiebe, die ein einzigartiges Erbe Afrikas rauben wollen: die knöchernen Dokumente aus der Kinderstube des Menschengeschlechts.

Tim White, der Entdecker des Menschenaffen von Middle Awash, ist nicht nur als scharfsinniger Forscher mit nahezu untrüglichem Instinkt bekannt. Er ist auch der erfolgreichste aller Claim-Jäger.

Als einziger der konkurrierenden Forscher gelang es ihm, auch während der Zeit des abgeschotteten Mengistu-Regimes Kontakte mit den äthiopischen Wissenschaftlern zu halten.

1990, sofort nachdem das Land ein langjähriges Forschungsembargo aufhob, war er es, der sich 1000 Quadratkilometer des hominidenreichsten Sediments der Welt sichern konnte – eine wissenschaftliche Karrieregarantie auf Lebenszeit.

Das hat ihm viele Neider eingetragen. Don Johanson etwa, sein Kollege und Freund von einst, mußte sich mit einem zehnfach kleineren Terrain begnügen. Jetzt graben die beiden Freunde von gestern fast Claim an Claim; Tür an Tür breiten sie ihre Trophäen im äthiopischen Nationalmuseum aus; Institut an Institut forschen sie in ihrem kalifornischen Wohnort Berkeley. Und doch sind sie zu unversöhnlichen Rivalen geworden.

Lange Zeit war es immer der witzige und charmante Johanson, der sich als Entdecker von Lucy und als Koryphäe des Fachs feiern ließ. Der eher verschlossene Workaholic White verblaßte daneben.

Doch seit sie miteinander verkracht sind, scheint White als Sieger aus dem Duell hervorzugehen. Denn auch beim Werben um Geld war er der Erfolgreichere.

Das verdankt er der einzigen Frau, die morgens um 7 Uhr das Camp des Berkeley-Professors zusammen mit den Männern verläßt, um in der staubigen Hitze nach weiteren Überresten des Bodenaffen von Middle Awash zu suchen: Ann Getty, die Ehefrau des Öl-Milliardärs Gordon Getty, arbeitet mit auf dem Grabungsfeld – und sie sorgt dafür, daß White von stetigem Millionenregen gefördert wird. Derweil hat Forschungsmäzen Getty dem Johansonschen Institute of Human Origins den Geldhahn abgedreht.

Doch White muß sich nicht nur der neidischen Konkurrenz um Geld und Land erwehren. Auch auf wissenschaftlichem

Terrain gilt es Gefechte auszutragen. Gegenwärtig wird der Markt von neuen Hominidenfunden geradezu überflutet. Jeder von ihnen löst Debatten aus. Jeder von ihnen läßt Einzelheiten des menschlichen Werdegangs in neuem Lichte erscheinen, gemeinsam erschüttern sie vieles, was bisher als weitgehend gesichert galt:

- ▷ Der deutsche Archäologe Gerhard Bosinski stieß, zusammen mit Wissenschaftlern aus Georgien, im Kaukasus auf einen 1,8 Millionen Jahre alten Menschenkiefer. Damit bestätigt sich der Verdacht, der schon nach der Neudatierung des sogenannten Java-Menschen im letzten Jahr aufgetaucht war – daß der Mensch sich mindestens eine Million Jahre früher als bisher angenommen auch jenseits von Afrika ausbreitete.
- ▷ In der nordspanischen Gran-Dolina-Höhle wurden 800.000 Jahre alte Menschenknochen mit eigentümlich Neandertaler-ähnlichen Merkmalen gefunden – danach muß auch die Geschichte der Besiedlung Europas neu geschrieben werden.
- ▷ Der große Zeh von »Little Foot«, einem in diesem Sommer neu untersuchten, etwa 3,5 Millionen Jahre alten Hominiden-Fuß, erwies sich als typischer Greifzeh eines Menschenaffen – während nach herkömmlicher Lehrmeinung der Vormensch um diese Zeit längst aufrecht ging.

Die Nachricht von noch älteren, doch bereits verblüffend menschenähnlichen Knochen kam hingegen aus Kenia. Dort, am Nationalmuseum in Nairobi, ist der Sitz der zweiten großen Gruppe von Urmenschenforschern: des Leakey-Clans.

Füße im Lot

Die Entwicklung zum Menschen spielte sich zunächst in der unteren Hälfte des Körpers ab.

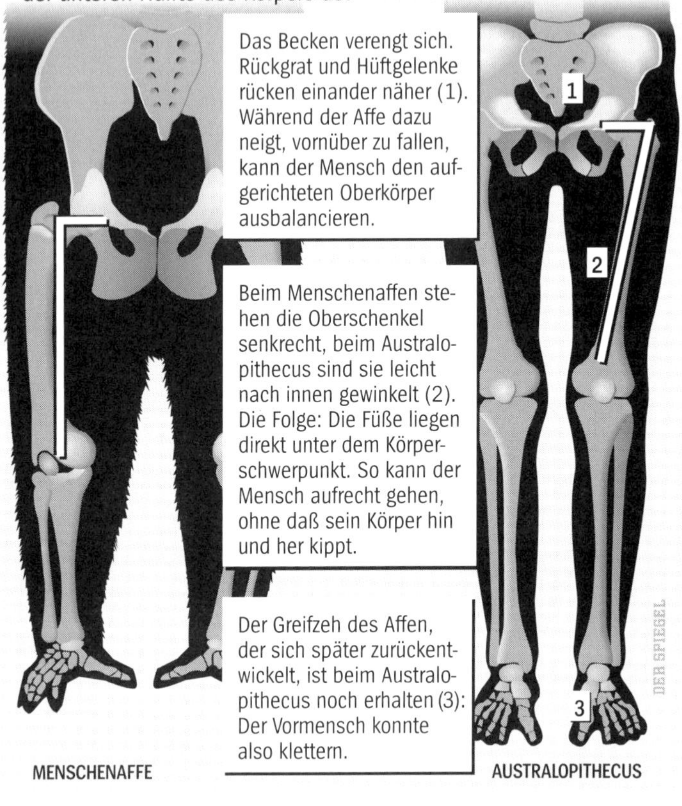

Im Jahre 1959 eröffnete Louis Leakey, der Sohn eines britischen Missionars, die Fossiljagd in Ostafrika, als er den berühmten Schädel des »Nußknackermannes« (später als Australopithecus boisei identifiziert) in der Olduvai-Schlucht Tansanias beschrieb.

Inzwischen streift die in der Forscherwelt berühmte Hominiden-Gang der Leakeys durch Kenia, eine Truppe mit einem jahrelang trainierten Blick, einer Art »geistigen Radars für die charakteristische Form von Menschenschädeln und -gebeinen«, wie es Richard Leakey ausdrückte.

Auch nach Louis' Tod blieb das sensationsträchtige Geschäft der Hominidensuche in der Familie. So fand Louis' Frau Mary 1977 im tansanischen Laetoli das Zeugnis des denkwürdigsten Familienausflugs der Menschheitsgeschichte: 3,5 Millionen Jahre alte Fußspuren von drei Vormenschen – Mann, Frau und Kind –, die offensichtlich bereits auf zwei Füßen gelaufen waren.

Später übernahm ihr Sohn Richard, seit frühester Jugend an die Expeditionen in der Wildnis gewöhnt, die Ausgrabungen. Heute werden sie von dessen Frau Meave geleitet.

Als Meave im Jahr 1994 mit der Sondierung eines Geländes am Westufer des Turkana-Sees begann, wußte sie nicht, daß sie sich in einem Wettlauf um den Vorstoß hinter die Schallmauer der Hominidenforschung unter die 4-Millionen-Jahre-Grenze befand.

Gerade hatte die Paläontologin fünf frustrierende Jahre am Ostufer des Sees hinter sich. Die kümmerliche Ausbeute dieser Zeit hat sie in einer kleinen Schachtel verstaut. »Nicht veröffentlicht« steht darauf. Darin liegen, in Watte gepackt, drei Menschenaffenzähne – fünf Millionen Jahre alt, aber ein zu kleiner Fund, um ihn einer bestimmten Art zuzuordnen.

Enttäuscht beschloß sie, sich nach einem anderen der seltenen Fenster umzusehen, die einen Blick in die Vorzeit gestatten. Nur dort, wo sich regelmäßig Sand, Gesteinsschutt

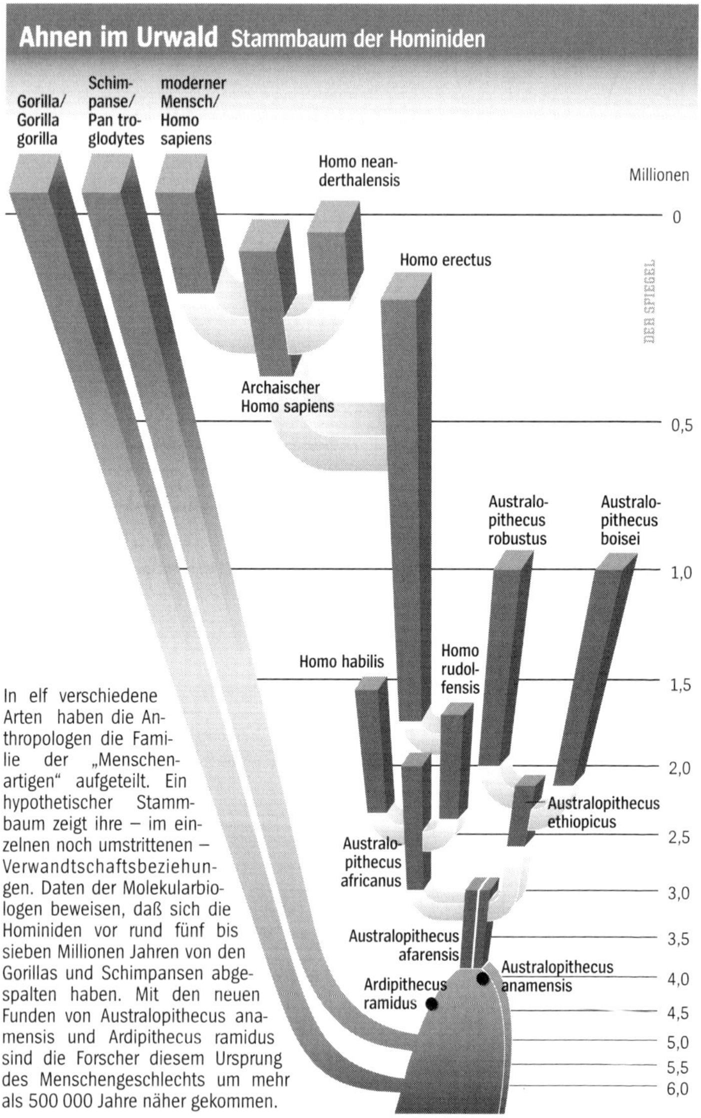

In elf verschiedene Arten haben die Anthropologen die Familie der „Menschenartigen" aufgeteilt. Ein hypothetischer Stammbaum zeigt ihre – im einzelnen noch umstrittenen – Verwandtschaftsbeziehungen. Daten der Molekularbiologen beweisen, daß sich die Hominiden vor rund fünf bis sieben Millionen Jahren von den Gorillas und Schimpansen abgespalten haben. Mit den neuen Funden von Australopithecus anamensis und Ardipithecus ramidus sind die Forscher diesem Ursprung des Menschengeschlechts um mehr als 500 000 Jahre näher gekommen.

oder Schlamm ablagern, können auch Gebeine begraben liegen. Und nur wenn sich Flüsse, Witterung oder Erosion durch den Panzer der Zeit gefräst haben, gibt das Gestein die vor langem eingeschlossenen Geheimnisse der Vergangenheit wieder preis.

Ein derartiges Fenster war seit vielen Jahren in Kanapoi, 30 Kilometer südwestlich des Sees, bekannt. Und tatsächlich, während Meave, kurz nach ihrer Ankunft in Kanapoi, gerade Schweinekiefer katalogisierte, kam Wambua Mangao, einer ihrer Mitarbeiter, aufgeregt ins Lager gerannt. Sein geschultes Auge hatte den Oberkiefer eines Hominiden entdeckt.

Wenig später fanden sich ein Unterkiefer, mehrere einzelne Zähne, das Schläfenbein eines Schädels und vor allem ein Unterschenkelknochen: ungewöhnlich groß und so kräftig gebaut, daß er nur einem Zweibeiner gehört haben konnte.

Bei ihrer Rückkehr nach Nairobi erfuhr Meave Leakey, daß ihr Konkurrent in Äthiopien schneller gewesen war. »Erst waren wir sehr enttäuscht«, sagt sie, »weil wir dachten, Tim hätte dasselbe Tier gefunden wie wir.« Doch als sie im Januar Whites Fund in Äthiopien inspizierte, war sie sich sicher: Bei ihren Knochen handelte es sich offensichtlich um eine andere Spezies.

Die kenianische Urmenschenforscherin hatte nicht nur eine neue Art, Australopithecus anamensis, entdeckt, sie sah sich auch in ihrer These von der Artenvielfalt der Hominiden bestätigt. »Jede grundlegende Neuerung wird von der Evolution erst einmal variiert«, verkündet sie. »Warum sollte es mit dem aufrechten Gang anders gewesen sein?«

Meave Leakey ist davon überzeugt, daß zunächst eine Vielzahl verschiedener aufrecht gehender Menschenaffen entstanden sein müssen, die jeder auf seine Weise die neuen Möglichkeiten des Zweibeinertums erkundeten. Nur einer von ihnen habe sich später zum Menschen weiterentwickelt, während die anderen ausstarben. »Ich bin mir sicher, daß wir noch weitere Arten finden werden«, sagt sie.

Damit schlägt sich Leakey auf die Seite der Spalter. So heißt eine der beiden großen Fraktionen der Paläontologie, die sich eine schwelende Dauerfehde liefern. Lange Zeit dominierten die Spalter die Hominidenforschung, die jeden noch so kleinen Unterschied zweier Fossilien als Beweis werteten, daß es sich um zwei Arten handeln müsse. Schließlich hatten sie 22 Vormenschgattungen und 7 Urmenschgattungen unterschieden, jede von ihnen mit zahlreichen Arten und Unterarten.

Dann rebellierten die Vereiniger. In einem radikalen Versuch, Ordnung in die wuchernde Urmenschenvielfalt zu bringen, faßten sie alle bekannten Knochen in nur zwei Gattungen (Australopithecus und Homo) mit insgesamt elf Arten zusammen.

Die Wissenschaft vom Ursprung des Menschen war ein Stein des Anstoßes, seit Charles Darwin den Menschen kränkte, indem er das Ebenbild Gottes zu einem Affen erklärte. Empört über diese Erniedrigung, versuchten die Anthropologen, wenigstens den Zeitpunkt der Entstehung des Menschengeschlechts möglichst weit zurückzudatieren, um die Sonderstellung des Menschen hervorzuheben. Schon vor 20 oder gar 30 Millionen Jahren, so postulierten sie, habe der lange Weg zum Menschen begonnen.

In den sechziger Jahren dieses Jahrhunderts rückten die Molekularbiologen den Menschen wieder dichter ans Tier-

reich heran. Die Anthropologen, so fanden sie heraus, hatten – den Blick immer auf die einzigartigen Eigenschaften des Menschen gerichtet – die Unterschiede zwischen Mensch und Schimpanse weit überschätzt. Der Vergleich des Erbguts von Schimpanse, Gorilla und Mensch bewies, daß der gemeinsame Vorfahr von Mensch und Schimpanse vor nicht mehr als fünf oder höchstens acht Millionen Jahren gelebt haben muß. »Biologisch betrachtet«, resümiert Meave Leakey, »ist der Mensch eine Schimpansenart.«

Damit blieb den Anthropologen die Herausforderung, die gewaltigen evolutionären Kräfte zu erklären, die in so kurzer Zeit – in nicht mehr als 300.000 oder höchstens 500.000 Generationen – einen Menschen aus einem Menschenaffen geformt haben.

Diese Zeit hatte offenbar ausgereicht, die Knochen zierlicher und leichter, den gesamten Körper größer werden zu lassen. Das Becken war in die Breite gewachsen und in der Höhe geschrumpft; der trichterförmige Brustkorb hatte sich zur Tonne gewölbt, die Arme hatten sich verkürzt, die Knie waren zusammengerückt.

Der Urmensch hatte sein Körperhaar verloren, und er hatte das Schwitzen gelernt. Seine Eckzähne waren geschrumpft, Darm und Magen waren kleiner geworden.

Sein Mund war hinter einer prägnant hervortretenden Nase zurückgetreten; sein Kehlkopf war abwärts gewandert, und im Schädel war das Hirn geschwollen. Kindheit und Pubertät verzögerten sich, das Leben wurde länger. Der Mensch lernte zu sprechen, er entwickelte Gefühle wie Mitleid, Scham und Hochmut. Er baute Pyramiden, schrieb den »Hamlet« und besuchte den Mond. Welche Umstände hatten diese vielfältigen Transformationen vorangetrieben?

In drei Akte suchten die Anthropologen dieses einzigartige Drama zu gliedern, jeder von ihnen eine Revolution, die sich nicht nur für die Geschichte des Menschen, sondern sogar für die des ganzen irdischen Lebens als höchst bedeutsam erweisen sollte:

- ▷ Vor fünf bis sieben Millionen Jahren erlernte der Vorläufer des Menschen den aufrechten Gang, als erstes und bisher einziges Säugetier. Fast alle Veränderungen des Skeletts lassen sich als Anpassung an diese neue Form der Fortbewegung begreifen.
- ▷ Erst zwei bis drei Millionen Jahre später begann, mit dem

Auftauchen der Gattung Homo, das rasche Wachstum des Gehirns. Der Mensch entwickelte Werkzeuge. Es entstand die soziale Struktur einer Gesellschaft von Jägern und Sammlern.

▷ Vor 100.000 Jahren hatte bereits der moderne Mensch, Homo sapiens, die Bühne betreten. Innerhalb weniger 10.000 Jahre, gleichsam in einem erdgeschichtlichen Augenblick, entstehen Kunst, Schmuck, Handel, komplexere Werkzeuge, vermutlich auch die ersten Mythen.

Diese plötzliche Revolutionsfreudigkeit ist um so erstaunlicher, als sie am Ende einer denkbar unscheinbaren Vorgeschichte steht: Über viele Jahrmillionen schien nichts die Ahnen des Menschen als besondere Erfolgsmodelle der Evolution auszuzeichnen.

Zweimal schien es, als sei das Schicksal des Menschen besiegelt, längst ehe er oder einer seiner äffischen Vorfahren entstanden war. Vor 248 und vor 213 Millionen Jahren löschten weltweite Katastrophen einen großen Teil des irdischen Lebens aus.

Beide Male entgingen die Therapsiden, zu denen auch die Vorläufer der Säugetiere gehörten, nur knapp der vollständigen Ausrottung. Nur dem glücklichen Überleben einiger weniger Therapsiden ist es zu verdanken, daß das Evolutionsexperiment Säugetier überhaupt möglich wurde.

Doch auch als die Säugetiere schließlich aus den Therapsiden hervorgegangen waren, versprach ihr Werdegang zunächst keineswegs eine Erfolgsgeschichte: Rund 100 Millionen Jahre führten sie ein Dasein im Schatten der fast in allen Ökosystemen dominierenden Dinosaurier. Nur nachts, wenn die Saurier schliefen, wagten sich die kleinen Frühformen der Säugetiere aus ihren Verstecken, um im Schutz von Nacht und Blattwerk nach Insekten oder Früchten zu suchen.

Es bedurfte eines weiteren Massensterbens, ausgelöst vermutlich durch einen Kometeneinschlag vor 65 Millionen Jahren, die Dinosaurier zu vernichten. Erst jetzt begann die Ära der Säugetiere, denen plötzlich Wälder, Steppen und Meere offenstanden.

Doch während Huftiere das Bild der Savannen prägten, während Fledermäuse und Nagetiere die größte Vielfalt von Arten entwickelten, während sich Katzen, Hunde und Bären den Platz an der Spitze der Nahrungskette eroberten, beschränkten sich die von den anthropozentrisch denkenden Biologen »Herrentiere« getauften Primaten weiterhin auf die Bäume, die Urheimat der Säugetiere.

»Hätte vor 20 Millionen Jahren ein Außerirdischer die Erde besucht«, spekuliert der vergleichende Primatologe Robert Martin vom Anthropologischen Institut der Universität Zürich, »dann hätte er den Primaten sicher kein besonderes Interesse geschenkt.«

Vor rund 15 bis 20 Millionen Jahren schien es dann erstmals, als bräche eine, wenngleich bescheidene, Blütezeit der Menschenaffen an. Dutzende verschiedener Arten tummelten sich im Dickicht des Miozän-Dschungels in Afrika, Asien und Europa.

Doch die Ära der Menschenaffen erwies sich als kurze Episode, nicht mehr als eine Randnotiz in der Geschichte des irdischen Lebens. Denn vor acht oder neun Millionen Jahren hatten die kleineren Altweltaffen die Menschenaffen weitgehend verdrängt. Die Vorläufer von Schimpanse, Gorilla, Orang-Utan und Mensch schienen in eine evolutionäre Sackgasse geraten zu sein.

Und dennoch hatten sich längst jene Wandlungen vollzogen, die zur entscheidenden Voraussetzung der nachfolgenden Revolutionen werden sollten: Die Menschenaffen hatten inzwischen das Zusammenspiel ihrer außergewöhnlich leistungsfähigen Augen und Hände perfektioniert. Mit ihren beiden nach vorn gerichteten Augen hatten sie die Fähigkeit des Tiefensehens entwickelt, das es ihnen ermöglichte, die zu höchster Präzision getriebene Feinmotorik ihrer Hände zu überwachen.

Diese Fähigkeit sollte entscheidend werden, als sich eine kleine Gruppe der scheinbar bedeutungslos gewordenen Menschenaffen dafür entschied, sich auf die Hinterbeine aufzurichten. »Nicht Sprache, Kultur oder Technologie sind die wichtigsten Unterschiede zu unseren nächsten Verwandten«, verkündete Richard Leakey. »Der aufrechte Gang ist es, der über unser Schicksal entschied.«

Seit sich die meisten Wissenschaftler einig sind, daß dies der Rubikon war, den der Affe auf dem Weg zum Menschen überschreiten mußte, streiten sie darüber, was ihn dazu trieb.

In den letzten Jahren schien es, als habe sich eine Theorie bewährt, die der französische Paläontologe Yves Coppens aus Erkenntnissen der Fossilforscher, der Geologen und der Klimaforscher zusammensetzte.

Den Schlüssel zum Ursprung des Menschen sieht Coppens in dem breiten Grabensystem, das den afrikanischen Kontinent von Äthiopien bis ins südliche Afrika durchzieht. Vor rund acht Millionen Jahren, so nimmt er an, habe sich die vulkanische Grabenschulter so weit gehoben, daß sie zur Klimascheide wurde. Seither hätten sich die vom Atlantik kommenden Wolken am Westhang der Vulkankette abgeregnet. Ostafrika sei in den Einfluß des Monsuns und damit in eine Zone mit ausgeprägtem Wechsel von Regen- und Trockenzeiten geraten.

Auf diese Weise, so argumentiert Coppens, seien auch die Menschenaffen in zwei verschiedene Gruppen aufgespalten worden: Während sich der Urschimpanse in den verbleibenden westafrikanischen Dschungel zurückzog, war der ostafrikanische Vormensch gezwungen, seine Nahrung in der trockeneren Savanne zu suchen.

Dort, so nahmen die Forscher bisher an, habe er sich aufgerichtet. Erst jetzt konnte der Australopithecus alle Möglichkeiten der bewährten Kombination von Auge und Hand ausschöpfen. Denn die Hände, befreit von der Kletterei, standen jetzt zur Manipulation von Gegenständen zur Verfügung. Die Epoche der Werkzeugherstellung brach an.

Die Herstellung von Steinmessern, möglicherweise aber auch von vielfältigen Holzwerkzeugen nötigte dem Menschen immer höhere Intelligenzleistungen ab. Es entstand ein Selektionsdruck, der das Hirn rasch wachsen ließ – ein Weg, der wie von selbst zur Erfindung der elektrischen Zahnbürste, des zuckerfreien Kaugummis und der Interkontinentalraketen mit Mehrfachsprengköpfen führte.

Die neuen Funde aus Kenia, Äthiopien und Südafrika jedoch könnten das Fundament dieser Theorie vom Menschen als Steppenschimpansen erschüttern. Ohnehin hatten bereits einige Forscher Zweifel angemeldet. Der Brite Robert Martin etwa hat jahrzehntelang Anatomie und

Lebensweise der Primaten studiert. Jetzt versucht er, daraus Schlüsse über die Entstehung des Menschen zu ziehen.

»Wer die Evolution verstehen will, muß vergleichen«, sagt er. Der Vergleich mit anderen Primaten jedoch zeige, daß sich der Siegeszug des Menschen durch eine Klimaänderung allein nicht erklären lasse.

»Australopithecus war nicht der erste Primat, der sich an ein Leben in der Steppe anpaßte«, behauptet Martin. Auch dem Pavian gelang der Schritt aus dem Wald – auf vier Beinen. Anatomisch unterscheide er sich kaum von seinem Verwandten im Wald, dem Mandrill. Warum, fragt Martin, sollten sich Schimpanse und Steppenschimpanse stärker voneinander unterscheiden?

Zudem gibt er zu bedenken, daß bisher jegliche Fossilien aus Westafrika fehlen, weil dort Sedimente extrem selten sind und die sauren Böden eine Fossilierung verhindern. »Deshalb wissen wir gar nicht, ob die Vor- und Frühmenschen wirklich nur in Ostafrika gelebt haben«, sagt Martin. »Oft wird vergessen, daß uns die Fossilien nur einen kleinen Teil der Vergangenheit offenbaren.«

Jetzt werden diese theoretischen Einwände auch durch Fossilfunde gestützt. Denn White fand die Überreste seines Ardipithecus ramidus inmitten zahlreicher anderer Knochen. »Hunderte von Affen und Hunderte von Kudu-Antilopen«, bilanziert er. »Eine ganz typische Waldfauna.« Auch Meave Leakey in Kenia bestätigt: »Die Fossilien an unserer Fundstätte lassen kaum einen Zweifel daran, daß der Affe im Wald den aufrechten Gang erlernte.«

Vor ein weiteres Rätsel stellt die Wissenschaftler die Entdeckung von »Little Foot«. Erst jetzt untersuchte Phillip To-

Knochenfund »Little Foot« mit Zeichnung (Mitte) und Rekonstruktion des Australopithecus-Fußes; ganz rechts: Menschenfuß

bias vier Hominiden-Fußknochen, die schon 1980 in einer südafrikanischen Höhle entdeckt worden waren. Und er stieß dabei auf »genug, um jedermanns Blut zum Kochen zu bringen«, wie es einer seiner Kollegen formulierte.

Denn »Little Foot« ist eine eigenartige Schimäre: Der federnde Spann und die kräftige Ferse scheinen bereits einem Zweibeiner zu gehören. Der große Zeh hingegen ist noch wie ein Daumen abgespreizt – der typische Greifzeh eines baumlebenden Klettertiers.

War folglich der Vormensch nur ein Wahlzweibeiner? Zog er sich nach seinen Streifzügen am Boden immer wieder in den Schutz der Baumkronen zurück? Unerwartete Bestätigung bekam diese Hypothese jetzt durch einen niederländischen Forscher. Am University College in London versucht Fred Spoor, den Fossilien mit Hilfe des Computertomographen neue Geheimnisse zu entlocken. Sein besonderes Interesse gilt einem Kanalsystem, das sich im Innern des dicksten und deshalb besterhaltenen Teil des Schädels befindet: dem Labyrinth des Innenohrs.

Dort liegt, sichtbar nur für das Röntgenauge des Computertomographen, das Gleichgewichtsorgan. Drei halbkreisförmige Schläuche, jeder etwa einen Zentimeter im Durchmesser und in rechtem Winkel zueinander in die drei Raumrichtungen weisend, durchdringen hier den Schädelknochen. In ihnen schwappt Lymphflüssigkeit bei jeder Bewegung des Kopfes hin und her. Winzige neuronale Detektoren messen die Strömung dieser Flüssigkeit und errechnen daraus die Bewegung des Kopfes, um sie anschließend an Augen, Kopf- und Körpermuskulatur zu melden.

Eine so grundlegende Veränderung wie der Wechsel vom hangelnden Leben in Bäumen zum zweibeinigen Lauf, vermutete Spoor, müsse sich auch in der Architektur des Labyrinths nachweisen lassen. Tatsächlich zeigte der Vergleich, daß das menschliche Innenohr im Affenreich einzigartig ist.

Auch 20 fossile Schädel untersuchte Spoor. Sein Fazit war eindeutig: Die typische Gestalt des menschlichen Innenohrs fand Spoor erst beim Homo erectus. Die Australopithecinen hingegen ähnelten dem Schimpansen.

Der Vormensch also ein waldlebender Wahlzweibeiner? Wenn sich dieses Bild unseres Vorfahren durchsetzen sollte, dann sind viele Versuche, die Entstehung des aufrechten Gangs zu erklären, hinfällig.

Im Wald konnte ein Menschenaffe auf zwei Beinen nicht weiter sehen als einer auf vieren. Antilopen-, Büffel- oder Zebraherden lebten nicht im Wald. Um sie zu verfolgen, wie einige Wissenschaftler spekuliert hatten, konnte die Zweibeinigkeit folglich ebenfalls kaum von Vorteil gewesen sein. Und auch das kürzlich in die Diskussion gebrachte Argument, ein aufrecht gehender Affe sei der tropischen Sonne weniger ausgesetzt als ein Vierbeiner, hat nur in der offenen Savanne Gültigkeit.

Deshalb haben jetzt diejenigen Auftrieb, die sich, wie Robert Martin, von den Affen die Antwort auf das Rätsel des aufrechten Gangs versprechen. Wann, so fragen sie, machen Affen Gebrauch von ihrer Fähigkeit, sich auf die Hinterbeine aufzurichten?

Vor allem, wenn sie etwas tragen wollen, so lautet die einmütige Antwort der Verhaltensforscher. Doch ob es eher die Männchen oder die Weibchen waren, die den Anstoß zum entscheidenden Schritt über den Rubikon der Menschwerdung gaben, darüber sind die Theoretiker zerstritten.

Es sind vor allem Forscherinnen, die sich für die Theorie von der »Sammlerin Frau« stark machen, während männliche Forscher der Theorie vom »Ernährer Mann« den Vorzug geben.

»Die Mutter-Kind-Beziehung bildet das Rückgrat der sozialen Struktur bei allen großen Primaten«, sagt Adrienne Zihlman von der University of California in Santa Cruz, die prominenteste Vertreterin der weiblichen Fraktion. Deshalb seien es vermutlich die Weibchen gewesen, die bei der Nahrungssuche entweder ihre Kinder oder Wurzeln, Nüsse und Früchte bei sich trugen – eine Rolle der Frau, die sich bis zu den steinzeitlichen Jäger- und Sammlerkulturen erhielt.

Dem steht die am Mann orientierte Theorie von Owen Lovejoy, einem Anatomen der Kent State University in Ohio, gegenüber, die von der New York Times sogleich als »vereinheitlichte Theorie der frühen Menschheit« gefeiert wurde. Ihn faszinierte, daß männliche Zwergschimpansen mit Wurzeln und anderen Leckerbissen um die Gunst der Weibchen werben. Von der dankbaren Empfängerin der Liebesgaben werden sie häufig mit Sex belohnt.

Dieser Tauschhandel – Futter gegen Sex – könnte nach Lovejoys Auffassung der Kitt gewesen sein, der die Vormenschen-Gesellschaft zusammenhielt: Die Männchen konnten so ihre Fortpflanzung sichern. Und den Weibchen blieb mehr Zeit für die Pflege ihres Nachwuchses.

Das sollte, laut Lovejoy, auch weiterhin das Geschlechterverhältnis prägen. Denn die Versorgung eines Weibchens könne sich für ein Männchen nur dann ausgezahlt haben, wenn das Weibchen ihm treu blieb – die Monogamie entstand.

Das spiegele sich im Zyklus der Menschen-Frau wider: Bei Schimpansen etwa zeigen die Weibchen durch auffällige Schwellung der Genitalien ihren Eisprung an. Ihre Brüste hingegen schwellen nur, während sie stillen – für die Männchen ein Signal, daß die Weibchen nicht kopulationsbereit sind.

Der weibliche Mensch hingegen verbirgt seinen Eisprung. Die Signalfunktion der Brüste hingegen hat sich offenbar ins Gegenteil verkehrt: Schreckten sie ehedem sexhungrige Männchen ab, so sind sie inzwischen zur sexuellen Stimulans geworden. So habe die Biologie gleichsam eine wechselseitige Treueverpflichtung erzwungen, erläutert Lovejoy: »Wenn der Eisprung verborgen ist, dann hat nur ein Männchen, das regelmäßig mit einem Weibchen kopuliert, eine hohe Wahrscheinlichkeit, der Vater des Nachwuchses zu sein.«

Genau an dieser Stelle jedoch sei seine Theorie nicht stichhaltig, wandten viele Anthropologen ein. Denn Australopithecus afarensis schien sich durch einen ausgeprägten Geschlechtsunterschied auszuzeichnen: Lucy stand nach bisheriger Auffassung ein fast doppelt so schwerer Mann an der Seite.

Markante Größenunterschiede zwischen Männchen und Weibchen deuten jedoch häufig auf eine typische Haremsstruktur hin. Bei den Gorillas etwa, ebenso wie bei Hirschen oder Walrossen, lebt ein kräftig gebautes Männchen mit mehreren deutlich kleineren Weibchen zusammen, die es gegen Nebenbuhler verteidigt.

Unverhoffte Schützenhilfe bekam Lovejoy jetzt von dem Schweizer Paläontologen Peter Schmid. Bei einer erneuten Untersuchung des Lucy-Skeletts fand dessen Student Martin Häusler heraus, daß unmöglich der Kopf eines Menschenaffenbabys durch ihr Becken gepaßt haben könne. »Für mich gibt es daraus nur einen Schluß«, sagt er. »Lucy war wahrscheinlich ein Mann.«

Was bisher für Männchen und Weibchen gehalten wurde, seien in Wirklichkeit vermutlich zwei verschiedene Arten. Ähnlich wie heute Schimpansen und Zwergschimpansen hätten sie beide gleichzeitig gelebt – zwei verschiedene Kundschafter auf dem Weg zum Zweibeinertum.

Ob nun sammelnde Frauen oder ernährende Männer diesen Weg bahnten, gewiß ist: Mit dem aufrechten Gang war der erste Schritt getan, der die spektakulärste Erfolgsstory in der Geschichte des Lebens einleitete.

Der Körper des Menschen war in seinen Grundzügen geformt. Der aufrechte Affe war geboren. Doch noch stand ihm bevor, daß sich ein plötzlich wachsendes Gehirn dieses Körpers bemächtigen und ihn zum Baumeister von Wolkenkratzern, zum Komponisten von Symphonien und Vernichter seiner Urheimat, des Regenwaldes, machen sollte.

Was aber war die Antriebskraft dieses zweiten Entwicklungsschubs auf dem Weg zum modernen Menschen? Waren es, wie viele Forscher mutmaßen, Schaber, Messer und Hammer aus Stein? War es die erlesenere Kost? Oder die Kunst des Flirtens?

Das Hirnwachstum

Seit mehr als zwei Millionen wandelten die verschiedenen Arten der Australopithecinen durch die Steppen Afrikas, als ein rätselhaftes Zwitterwesen die Bühne betrat: nicht mehr Menschenaffe zwar, und doch noch nicht Mensch. »Homo habilis«, der »geschickte Mensch«, haben ihn die Anthropologen vor nunmehr 30 Jahren getauft. Seither gibt er Anlaß zum Streit wie kein anderes Wesen in der Ahnenreihe des Menschen.

Unverkennbar regt sich Menschliches in seinem Antlitz: Unter der Schädeldecke wölbt sich das Hirn, über den Augenwülsten wächst eine Stirn. Darunter ragt erstmals eine prägnante Nase hervor. Die Schnauze flieht, im Schatten der Nase wird sie zum Mund. Der Unterkiefer spitzt sich; er bildet ein Kinn.

Und doch baumeln die Hände noch fast knietief neben dem Körper; der Brustkorb wölbt sich noch nicht zur menschlichen Tonnenform. Vor allem aber hat das Hirn mit 500 bis 800 Kubikzentimetern kaum mehr als die Hälfte der Größe beim Homo sapiens erreicht.

Trotzdem ein Mensch? Oder doch noch ein Affe? Wie bei keinem anderen Hominiden würde sich beim Homo habilis, hätte er bis in die Gegenwart überlebt, die Frage stellen: Sollte er, wie Schimpansen und Gorillas, in Zoos gesteckt werden? Oder stünden ihm volle Menschenrechte zu?

Sicher ist nur, daß Homo habilis in jener bisher wenig erforschten Umbruchzeit lebte, als der Mensch im Affen erwachte. Ohnehin sind Funde von Hominidenknochen sel-

ten. Statistisch gesehen hat sich nur alle 100 Generationen ein einzelner Knochen erhalten. Daraus die Entstehung des Menschen zu rekonstruieren kommt der Aufgabe gleich, die Geschichte des Abendlandes zu schreiben anhand eines Pharaonenschädels, der Elle eines römischen Legionärs und des Beckens eines Hausmädchens aus dem wilhelminischen Deutschland.

Besonders spärlich und in sich widersprüchlich dokumentiert ist die Zeit vor rund 2,5 Millionen Jahren. Australopithecus afarensis, der Ahne des Homo habilis, ist inzwischen recht gut bekannt: ein Zweibeiner zwar, aber in vielen Merkmalen noch ein typischer Menschenaffe. Vor rund 1,8 Millio-

Paläontologe P. Schrenk mit Mitarbeitern bei Ausgrabungen in Malawi: Wann überschritt der Affe die Schwelle zum Menschen?

nen Jahren erschien dann Homo erectus, in Körperbau, Gesichtsform und Hirngröße bereits unverkennbar ein Mensch.

Dazwischen liegt die rätselhafte Ära des Homo habilis. Nur verstreute und sich voneinander stark unterscheidende Knochen ließen sich dieser Art zuordnen – ein eigenartiges Sammelsurium von Überresten aus der Werkstatt der Evolution. Deutet die Vielfalt der Knochenformen darauf hin, daß Homo habilis ein sehr vielgestaltiges Wesen war? – Oder ist sie Zeugnis einer Vielfalt von gleichzeitig lebenden Menschenarten, gleichsam verschiedenen Mensch-Entwürfen der Natur, die im Daseinskampf gegeneinander antraten?

Ein Verfechter letzterer Theorie ist der Darmstädter Paläontologe Friedemann Schrenk. Mindestens zwei verschiedene frühe Homo-Arten glaubt er unterscheiden zu können. Homo habilis sei nur ein fehlgeschlagener Versuch des Australopithecus gewesen, sich zum Menschen zu erheben. Zum Ahnen des Homo sapiens hingegen kürt er Homo rudolfensis, eine Menschenart, von der nur einige, bisher dem Habilis zugeordnete Knochen- und Schädelfragmente gefunden worden seien.

Schrenk ist einer der wenigen Deutschen, die sich am Wettlauf der Forscher in die afrikanische Vorzeit beteiligen. Gerade hat er unter Mangobäumen in dem südostafrikanischen Staat Malawi wieder ein Lager aufgeschlagen.

Schon als Abiturient begeisterte sich Schrenk für die packenden Bücher des amerikanischen Publizisten Robert Ardrey, der schilderte, wie sich ein blutrünstiger Urmensch, bewaffnet mit Knüppeln aus Knochen und Dolchen aus Raubtierzähnen oder Büffelhorn, zur Weltherrschaft aufschwang.

Ardreys Hypothese vom Schlächter Mensch ist längst verworfen. Schrenks Faszination jedoch blieb. Die Frage nach dem Ursprung des Menschen ließ ihn nicht mehr los, bis es vor zehn Jahren endlich soweit war: Gemeinsam mit dem Amerikaner Tim Bromage brütete Schrenk über Satellitenaufnahmen vom südlichen Afrika. Im Karonga-Distrikt am Ufer des Malawi-Sees fanden die beiden schließlich, wonach sie gesucht hatten: unerforschte Sedimentformationen.

Seit einem Jahrzehnt sucht Schrenk nun den Sedimentschild am Ufer des Sees ab, in einer von großen Affenbrotbäumen durchsetzten Busch- und Graslandschaft, die nur wenige Fossiljäger für vielversprechend gehalten hätten. Daß Fossiliensuche so leicht sein kann wie das Muschelsammeln am Nordseestrand, weiß Schrenk aus Tansania. Gerade wertet seine Gruppe dort 350 Kilogramm fossiler Knochen aus: 123.000 Einzelfunde, die sie auf wenigen hundert Quadratmetern in der Nähe von Laetoli geborgen haben, einem weltberühmten Dorado für Paläontologen.

Wie mager war dagegen die Ausbeute in Karonga: Auch beim wochenlangen systematischen Durchkämmen des graugelben Mergelgesteins stießen Schrenks Männer auf nicht mehr als zwei, drei Knochen pro Quadratkilometer: Nilpferdgebeine, Antilopenschädel oder Stoßzähne von elefantenähnlichen Dinotherien; Zeugen einer Tierwelt, die nur der Experte von den heutigen Bewohnern der afrikanischen Savanne zu unterscheiden wüßte.

Dennoch war Schrenk davon überzeugt, in Malawi auf eine paläontologische Schatzgrube gestoßen zu sein. Hier glaubte er ein wichtiges Bindeglied gefunden zu haben, mitten im ostafrikanischen Grabenbruch, jener 5000 Kilometer langen Gesteinsnarbe, die sich durch fast den gesamten afrikanischen Kontinent zieht, genau zwischen den gut erforschten Sedimenten Kenias und Äthiopiens im Norden und den Höhlenfundstätten Südafrikas.

Vor allem aber erlauben die Sedimente am Malawi-See einen Blick in genau jene mysteriöse Übergangsphase, in der der Affe die Schwelle zum Menschen überschritt.

Vor sechs Jahren wurde Schrenk endlich für seine Hartnäckigkeit belohnt: Er entdeckte seinen ersten Hominidenknochen, den 2,4 Millionen Jahre alten Unterkiefer eines Homo rudolfensis, des ältesten Exemplars der Gattung Homo, das je ausgegraben wurde.

Wie schnell der neue Fund ihm die Türen in die exklusive Welt der Urmenschenforscher öffnete, zeigte eine Konferenz in Malawi, zu der eine internationale Wissenschaftler-Elite erschien. Gemeinsam versuchten die angereisten Koryphäen, die Ereignisse wiederauferstehen zu lassen, die hier vor gut 2,5 Millionen Jahren aus dem Australopithecus einen Homo hatten werden lassen.

Seit Jahren wirbt Schrenk für die große Synthese der Wissenschaft. Nur gemeinsam mit Geologen, Ökologen, Klimaforschern und Anatomen werde es den Paläontologen gelingen, die Rätsel der Vorzeit zu lösen.

Beispiele dafür, wie andere Forschungsdisziplinen die Wissenschaft vom Urmenschen befruchten können, lieferte vor allem die Paläoklimatologie. Der US-Forscher Peter de-Menocal etwa durchstieß vor den Küsten Westafrikas und Saudi-Arabiens mit einem Bohrer den Staubpanzer, den die Stürme in den Savannen- und Wüstengebieten Afrikas im Laufe der Jahrmillionen am Ozeanboden abgelagert haben. In 2,8 Millionen Jahre alten Schichten stieß er auf die Spuren eines Klimaschocks: Plötzlich nahm die Staublast der Winde drastisch zu – ein Zeichen kontinentweiter Dürre.

Von einem ähnlich dramatischen Klimaumschwung zeugen auch die Sedimente der Polarmeere aus dieser Zeit. Erstmals bildete sich ewiges Eis auf den Polkappen, das sich seither regelmäßig etwa alle 40.000 Jahre bis weit nach Europa in Richtung Süden schob: Die Ära der Eiszeiten hatte begonnen.

Kein Zweifel: Auch die Ahnen des Menschen müssen sich durch diesen weltweiten Klimawandel ganz neuen Herausforderungen gegenübergesehen haben. Während fast alle anderen Primaten von der Dürre aus Ostafrika vertrieben wurden, gelang es den Hominiden, gleich mit zwei verschiedenen Strategien ihr Überleben zu sichern:

- ▷ Der »Nußknackermensch« (Australopithecus boisei) wurde, ebenso wie sein Verwandter, der Australopithecus robustus, zum Spezialisten für die nährstoffarme Nahrung der Steppe. Mit seinem massiven Kauapparat – viermal kräftiger als ein moderner Mensch konnte er damit zubeißen – erschloß er sich harte Hülsen, Nüsse und Wurzeln als Nahrungsquellen. Zugleich senkte er durch seinen klobigen Körperbau den Energiebedarf.
- ▷ Homo rudolfensis entschied sich dafür, sich von der harschen Umwelt unabhängig zu machen. Dabei sollte ein Organ entscheidend werden, das zum Inbegriff des Menschlichen wurde: das Gehirn.

Das Gehirn erwies sich immer wieder als ein höchst wirkungsvoller Motor der Evolution. Schon die Erfindung der ersten Nervenzelle bedeutete einen Wendepunkt in der Geschichte des Lebens. Zunehmend ergriffen diese neuen Zellen die Macht über das Verhalten von Tieren. Licht-, Geräusch-, Tast- und Geruchsdetektoren sendeten Reize ins Hirn, dort wurden sie ausgewertet, verglichen und schließlich in Befehle an die Muskeln umgewandelt. Je weiter sich das Gehirn entwickelte, desto komplexer, vielfältiger und differenzierter wurden die Verhaltensmuster.

Eine weitere Revolution leitete das Großhirn ein, das sich rasch über die alten Strukturen des Stammhirns wölbte. Es ermöglichte seinem Besitzer, nicht nur mit Instinkten, gleichsam fest verdrahteten Verhaltensmodulen, auf seine Umwelt zu reagieren; fortan stand ihm ein eigener Wille als Entscheidungsinstanz zur Verfügung.

Erst den Menschen jedoch befreite der eigene Wille von

den Fesseln der Biologie und ermöglichte es ihm, sich in immer stärkerem Maße von der Umwelt unabhängig zu machen. »Die Abkopplung von der Umwelt scheint mir der wichtigste Schritt auf dem Weg zum Menschen zu sein«, erklärt Schrenk.

Was aber führte zu der einzigartigen Explosion der menschlichen Hirngröße? Hatten die Menschenaffen viele Jahrmillionen benötigt, um ihr Hirn auf eine Größe von 450 Kubikzentimetern anschwellen zu lassen, so reichten nun wenige Jahrmillionen, sie noch einmal zu verdreifachen.

Einig sind sich die meisten Wissenschaftler, daß die plötzliche Trockenheit, ausgelöst durch die Eiszeiten in den Polarregionen, dabei eine treibende Kraft gewesen sein muß. Warum sie aber ein so großes Hirn erforderlich machte, dafür machen die Forscher verschiedene Veränderungen im Verhalten des Menschen verantwortlich:

▷ die Herstellung von Steinwerkzeugen;
▷ die Umstellung auf hochwertigere, fleischhaltige Kost;
▷ eine veränderte Sozialstruktur;
▷ die Entwicklung einer ersten Sprache.

Lange Zeit schenkten die Anthropologen ihre Aufmerksamkeit vor allem der Technik. Die einzigartige Fähigkeit, sich bearbeitete Knochen, Äste oder Steine zunutze zu machen, schien ihnen der Schlüssel zum Erfolg des Menschen.

In dieser Auffassung sahen sie sich bestätigt, als sie die ersten primitiv behauenen Steine in genau denjenigen Sedimentschichten fanden, in denen sie die ältesten Überreste von Exemplaren der Gattung Homo ausgegraben hatten.

Dennoch regten sich in den letzten Jahren zunehmend Zweifel an dieser Theorie vom Menschen als Werkzeugmacher. Bestritten wurde die Sonderstellung des Menschen vor allem von Verhaltensforschern.

Selbst Vögel, so wandten sie ein, seien durchaus fähig zum Werkzeuggebrauch: Schmutzgeier etwa schlagen mit Steinen dickschalige Straußeneier auf. Spechtfinken von den Galapagos-Inseln spießen mit Hilfe von Zweigen Larven auf, die sich im Holz von Bäumen verkrochen haben. Und australische Seidenlaubenvögel tragen mit einem Pinsel aus Baumrindenfasern eine Farbmixtur aus Blüten, Holzkohle, Beeren und Speichel im Innern ihrer Balzlauben auf.

Unter Säugetieren finden sich noch weit mehr ähnliche Beispiele: So operieren sich Elefanten mit Stöcken Blutegel aus der Haut. Seeotter legen Steine auf ihren Bauch, um darauf wie auf einem Amboß Muscheln oder Schneckengehäuse zu knacken. Vor allem aber erschütterten die Erkenntnisse der Schimpansenforscher den Glauben an die Einzigartigkeit des Menschen.

Jane Goodall, eine Schülerin des Hominidenforschers Louis Leakey, verfolgte jahrzehntelang eine Gruppe von Schimpansen in Tansania. Dabei beobachtete sie, wie die Tiere sich bürstenartige Angeln aus Ästen herstellen, mit denen sie in Termitenbauten nach Beute fischen, und wie sich Kranke mit den antibiotikahaltigen Blättern der Aspilia-Pflanzen kurieren.

Das Schweizer Ehepaar Christophe und Hedwige Boesch wurde Zeuge, wie Schimpansenmütter ihrem Nachwuchs geduldig beibrachten, Nußschalen mit Hilfe von Steinen zu zertrümmern. Angesichts ihrer Forschungsergebnisse ging

Werkzeuggebrauch beim Seeotter: Mit Hilfe eines Steins wird eine Muschel aufgebrochen

der US-Anthropologe John Mitani gar so weit zu erklären: »Die Grenze von dem, was wir als ›menschlich‹ bezeichnen, beginnt zusammenzubrechen.«

Im gleichen Maße, in dem der Respekt der Forscher vor den Fähigkeiten der Tiere stieg, verloren viele Wissenschaftler die Ehrfurcht vor dem Handwerkszeug der Urmenschen. »Bemerkenswerter als die Steinwerkzeuge selbst scheint mir die Stagnation der Werkzeugkultur«, erklärt gar der Primatologe Robert Martin von der Universität Zürich.

Vor gut 2,5 Millionen Jahren hatten die Menschen gelernt, Steine mit wenigen gezielten Schlägen in primitive Messer, Schaber oder Hämmer zu verwandeln. Dann passierte fast eine Million Jahre lang praktisch nichts mehr.

Selbst ein geübter Archäologe vermag nicht zu erkennen,

ob ein einfacher Hammerstein der sogenannten Oldovan-Kultur 1,9 oder 2,4 Millionen Jahre alt ist; ob er aus Äthiopien, Tansania oder Südafrika stammt.

»Ich bezweifle auch, daß sehr große Teile unseres Gehirns erforderlich sind, um derart primitive Werkzeuge herzustellen«, sagt Martin. Allein die Fähigkeit, ein paar Hammerschläge mit Steinen zu vollbringen, könne kaum die Entstehung eines so komplexen Gehirns wie des menschlichen erklären.

Für Martin sind nicht nur die Erklärungen zweifelhaft, auch die Frage nach der Ursache der Hirnvergrößerung sei falsch. »Das Rätsel ist nicht, warum der Mensch ein großes Gehirn hat, sondern warum er es sich leisten konnte«, erklärt er.

Das Hirn nämlich sei in allen Tiergruppen im Laufe der Evolution gewachsen: ein allgemeines Erfolgsrezept, das nicht nur dem Menschen, sondern auch Geiern, Schweinen oder Seehunden ein vielfältigeres, besser angepaßtes Verhalten erlaubt habe.

Doch der Preis war hoch. Zwar wiegt das Hirn des Menschen kaum mehr als 2 Prozent seines Körpergewichts. Doch 25 Prozent aller Kalorien, die ein Mensch aufnimmt, werden dort verbrannt. Bei einem Säugling sind es gar 60 Prozent.

Wie konnte der Mensch den enormen Kalorienhunger seines erwachenden Verstandes befriedigen? Die Antwort, meint Martin, könne nur in einem Wandel der Ernährungsweise zu finden sein.

Tatsächlich weisen Kratzspuren von Steinmessern auf Antilopen- oder Schweineknochen an Lagerplätzen des frühen Homo darauf hin, daß er die Jagd entdeckte. Oder aber, so vermuten inzwischen immer mehr Forscher, Aas könnte für die Urmenschen während der Dürrezeiten zur kostbaren Delikatesse geworden sein.

Als Kronzeuge für seine Theorie beruft sich Martin auf den südamerikanischen Kapuzineraffen. »Relativ zu seinem Körpergewicht ist nämlich er, und nicht der Schimpanse, der Affe mit dem größten Gehirn«, versichert er. Das können sich die Kapuzineraffen nur dank ihrer vielseitigen Nahrung aus süßen Früchten, fetthaltigen Nüssen und proteinreichen Vogeleiern und Insektenlarven leisten. Nährstoffarme Pflanzenkost hingegen – typisch etwa für Brüll- und Nasenaffen, aber auch für die Gorillas – gehe mit einem relativ zum Körpergewicht kleineren Hirn einher.

Martin ist überzeugt, daß es die Ernährung war, die den Menschen in eine Spirale der Intelligenz trieb. Und dieser Prozeß habe sich möglicherweise sogar noch beschleunigt, als das Hirnwachstum kurz nach der Abspaltung der Homo-Linie an eine biologische Grenze stieß.

Bis zur Größe von vermutlich rund 750 Kubikzentimetern konnte das Gehirn ungehindert anschwellen. Dann paßte der Kopf eines Säuglings nicht mehr durch den Geburtskanal des weiblichen Beckens. Jeden weiteren Kubikzentimeter Nervengewebe mußte der Mensch erkaufen, indem er etwa einen halben Tag der Embryonalentwicklung außerhalb des Mutterleibs verlagerte: Schritt um Schritt entstand die Lebensphase des Babys.

Alle anderen Primaten bringen Kleinkinder zur Welt. Vom Tag ihrer Geburt an können sie, wenngleich unbeholfen, ihren Eltern durchs Laubdickicht folgen. Ihr Hirn ist bereits fast vollständig entwickelt. Nach der Geburt verlangsamt sich sein Wachstum abrupt und kommt schließlich ganz zum Stillstand.

Nicht so beim Menschen. Noch 12 Monate nach der Geburt wächst sein Gehirn weiter. »Die natürliche Schwangerschaft eines Menschen würde 21 Monate dauern«, folgert Martin. Das weibliche Becken jedoch habe gleichsam die Embryonengeburt erzwungen.

Gesellschaftliche Umwälzungen müssen die Folge gewesen sein. Denn statt mit halbwegs selbständigem Nachwuchs hatten es die Horden der Urmenschen jetzt mit hilflosen Babys zu tun. Nur durch hingebungsvolle Fürsorge ließen sie sich vor Witterung, Krankheiten und Raubtieren schützen.

In eindrucksvoller Weise rekonstruiert Richard Leakey, einer der Entdecker des »Turkana-Jungen«, das Wechselspiel biologischen und sozialen Wandels. 1984 war er in Nordkenia auf dieses bisher vollständigste aller Urmensch-Skelette gestoßen: Schädel, Gebiß, Becken, Rückgrat und Gliedmaßen eines 1,65 Meter großen Homo-erectus-Kindes, das vor 1,6 Millionen Jahren am Westufer des Turkana-Sees verendet sein mußte.

Wie alt war dieser Junge bei seinem Tod gewesen? Diese Frage erlaubte es seinen Entdeckern, bis tief ins soziale Gefüge einer Urmenschen-Gesellschaft einzudringen.

Der Junge von Turkana hatte bereits die Milchzähne verloren. Gerade brach der zweite hintere Backenzahn durch. Folglich war er etwa 12 Jahre alt, schlossen seine Entdecker.

»Aber nur, wenn er ein moderner Mensch wäre«, wandte Holly Smith ein, eine Anthropologin von der University of Michigan. »Ein Schimpanse bekommt seine zweiten hinte-

Paläontologe Richard Leakey (vorne rechts) mit Mitarbeitern bei Grabungsarbeiten zum Skelett des Turkana-Jungen

ren Backenzähne schon mit 7 Jahren.« Welcher der beiden Arten glich der Homo erectus mehr?

Zunächst schien diese Frage unlösbar zu sein. Unversöhnlich standen sich zwei Fraktionen von Forschern gegenüber, die den Homo erectus noch den Affen oder schon den Menschen zuordnen wollten. Doch dann verglich Smith Hirngröße und Zahnentwicklung verschiedener Primatenarten und stellte fest, daß sie erstaunlich parallel miteinander verliefen: Je größer das Hirn, desto langsamer reifen die Zähne. Die Hirngröße des Homo erectus aber lag ziemlich genau zwischen der von Schimpanse und Mensch. Das Alter des Turkana-Jungen bei seinem Tod mußte also zwischen dem eines entsprechenden Schimpansen- und dem eines Menschenkindes gelegen haben: bei etwa 9 Jahren.

Doch Smith ging in ihren Schlußfolgerungen noch viel weiter: Nicht nur die Zahnentwicklung, sondern auch der ganze Lebenslauf der Menschenvorläufer hatte sich vermutlich Schritt um Schritt gewandelt. Die verschiedenen Lebensetappen waren langsam länger geworden, und zwar nach einem vorhersagbaren Muster.

Plötzlich war Smith damit zur Biographin des Turkana-Jungen geworden: Das Kind wurde, so berechnete sie, mit etwas weniger als 4 Jahren der Mutterbrust entwöhnt. Wahrscheinlich wurden seine Geschwister im Abstand von drei bis vier Jahren geboren. Die Mutter war 13 oder 14 Jahre alt, als sie ihr erstes Kind zur Welt brachte. Er selbst wäre mit 14 Jahren geschlechtsreif geworden und hätte dann ein Alter von bis zu 52 Jahren erreichen können, wenn er nicht vorher, vermutlich an einer Krankheit, gestorben wäre.

Hinter sich hatte er eine Kindheit, die sich deutlich von der Kindheit eines Menschenaffen unterschieden haben muß. Nicht nur war er als Baby geboren worden, auch die Zeit seiner Geschlechtsreife hatte sich hinausgezögert. Noch war er, anders als ein neunjähriger Schimpanse, ein Kind. Den Wachstumsschub der Pubertät, während deren er zur stattlichen Größe von 1,90 Meter aufgeschossen wäre, hatte er noch vor sich.

Neun Jahre Kindheit müssen dem schlaksigen Jungen viel Gelegenheit zum Lernen und Üben gegeben haben. Viel Zeit, um von seinen Eltern das Jagen und Nußknacken zu erlernen. Auch in der Kunst, Steine zu behauen und Spieße zu schnitzen, werden sie ihn unterwiesen haben. Seine Großmutter – auch das eine Neuerung in der Biographie der frühen Menschen – lebte vermutlich noch lange nach ihrer Menopause und widmete sich nun ganz der Erziehung ihrer Enkel.

Die frühe Geburt, die verzögerte Kindheit und das lange Leben im Alter: Das war der Kitt, der die Gesellschaft der Urmenschen zusammenhielt. Ihnen ist zu verdanken, daß der Mensch neue Fähigkeiten nicht nur entwickeln, sondern auch an seinen Nachwuchs weitergeben konnte.

Soziale Intelligenz, sagt Richard Leakey, sei inzwischen zum »führenden Paradigma der Anthropologen« geworden. Das Sozialgefüge, nicht die Technik, sei die treibende Kraft in der Evolution des menschlichen Geistes gewesen.

Tatsächlich zeichnen sich Primaten durch ein ungewöhnlich kompliziertes Gesellschaftssystem aus. So beobachtete die Primatenforscherin Barbara Smuts, wie zwei Paviane »wie Neulinge in einer Single-Bar« die ersten schüchternen Blicke austauschten – der Anfang einer dauerhaften Liebe, wie die Forscherin sechs Jahre später feststellte.

Das Ehepaar Boesch beschrieb die raffinierten Treibjagden der Schimpansen. Und Jane Goodall schilderte einen langjährigen Vernichtungskrieg zweier Schimpansenhorden. Ein kompliziertes Geflecht von Allianzen ist charakteristisch für die Schimpansengesellschaft. Nicht Kraft allein, sondern vor allem die Wahl der richtigen Koalitionspartner bestimmt die soziale Stellung jedes einzelnen. Jahrelange Beobachtung der Schimpansen im Zoo von Arnheim habe ihn gelehrt, sagt der Verhaltensforscher Frans de Waal, »daß die Wurzeln der Politik älter sind als die Menschheit«.

»Das Gesellschaftsschach der Schimpansen«, wie es Richard Leakey nennt, entscheidet über den Fortpflanzungserfolg. Dasjenige Männchen, das seine Stellung durch geschicktes Taktieren im Bündnisgeflecht zu stärken weiß, hat den häufigsten Zugang zu den Weibchen. An die Stelle des Gefieders von Paradiesvögeln oder des Geweihs eines Rothirsches, so formuliert es Leakey, trete bei den höheren Primaten der soziale Verstand. Das Hirn sei gleichsam der Pfauenschwanz des Menschen.

Im immer komplexeren Sozialgefüge, so spekuliert Leakey weiter, müsse dann irgendwann die Sprache zur Triebfeder der weiteren Entwicklung geworden sein.

Kein Anthropologe zweifelt daran, daß das Erscheinen der Sprache eine Revolution in der Menschheitsgeschichte bedeutet haben muß. Die Welt des modernen Menschen ist eine Welt der Worte. Verständigung, Gedanken, Ideen und Kultur: all das wird, wie es Leakey ausdrückt, »auf dem Webstuhl der Sprache gewoben«.

Und doch tappen die Forscher gerade bei der Frage, wann der Urmensch sprechen lernte, noch im dunkeln. Leakey zählt zu denjenigen, die überzeugt sind, spätestens vor 1,8 Millionen Jahren hätten sich die ersten Worte ins Geschnatter des Homo erectus gemischt. »Noch vor 200.000 Jahren gab es nichts, was ein heutiger Mensch als Sprache bezeichnen würde«, hält ihm sein Kollege Randall White von der New York University entgegen.

White beruft sich darauf, daß sich erst am Ende der Altsteinzeit Hinweise auf Kunst, Handel und die Entstehung von Mythen finden lassen – für ihn die ersten eindeutigen Zeichen beginnenden Sprachgebrauchs.

Leakey hingegen wähnt die Wurzeln der Sprache bereits im Affengehirn: »Die Kluft zwischen Mensch und Bestie«, sagt er, »ist nicht so tief wie vielfach angenommen.« Südafri-

Der Zwergschimpanse Kanzi bei Sprachübungen an einer Symboltafel

kanische Meerkatzen etwa stoßen drei verschiedene Alarmrufe aus, je nachdem, ob sie eine Schlange, einen Leoparden oder einen Adler erblickt haben.

Beeindruckender noch sind Experimente mit den nächsten Verwandten des Menschen: Am Sprachforschungszentrum der Georgia State University etwa erlernte der junge Zwergschimpanse Kanzi spielerisch 256 Symbole zu unterscheiden. Indem er auf die Symbole zeigt, kann er seiner Lehrerin mitteilen, was er spielen, wohin er gehen oder was er haben möchte. Selbst einfache Regeln einer »Protogrammatik« glaubt sie in seinen Äußerungen erkennen zu können.

Noch größer aber ist seine Fähigkeit, die menschliche Sprache zu verstehen. Wenn etwa eine Stimme aus dem Lautsprecher befiehlt: »Hol den Ball, der im Schlafzimmer

Worte aus der Tiefe

Anatomische Voraussetzungen für die Spracherzeugung

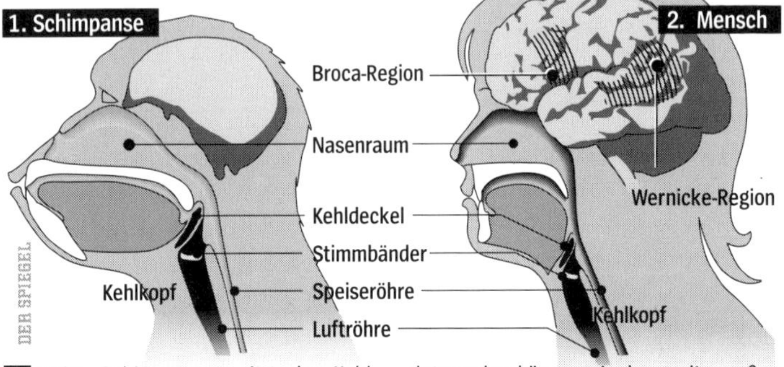

1 Beim Schimpansen sitzt der Kehlkopf wie bei allen anderen Säugetieren so weit oben, daß er Nahrungs- und Atemwege trennen kann. Das ermöglicht es dem Schimpansen, auch während des Schluckens zu atmen.

2 Beim Menschen hingegen ist der Kehlkopf bis tief in den Hals gewandert. Einerseits vergrößert dies das Spektrum der Laute, die tief im Rachenraum gebildet werden können. Andererseits muß er das Risiko in Kauf nehmen, sich zu verschlucken. Gleichzeitig mit der Umbildung des Sprechapparates im Rachen müssen sich in der linken Großhirnhälfte die Sprachzentren gebildet haben: die Wernicke-Region, in der die Bedeutung der Wörter verarbeitet wird, und die Broca-Region, die für die grammatische Struktur verantwortlich ist.

liegt, und gib ihn Rose«, so läßt Kanzi sogar einen anderen Ball in seiner Nähe liegen und läuft stracks ins Schlafzimmer.

Derlei Experimente stärken Leakey in seiner Überzeugung, daß sich beim Jungen von Turkana entfaltete, was bei Kanzi angelegt ist. Doch zu spekulieren ist leicht. Schwieriger ist es, zu beweisen, daß der Homo erectus tatsächlich gesprochen hat.

Auf zwei anatomische Eigenheiten des Menschen richtet sich dabei das Hauptinteresse der Forscher: Im Hirn entwickelten sich bestimmte Areale der linken Großhirnhälfte, gleichsam die Software der Sprachverarbeitung. Die Mechanik des Stimmapparats hingegen bildete sich im Schlund:

Der Kehlkopf wanderte abwärts, um den Rachenraum zur Lautbildung zu vergrößern.

Weil der Adamsapfel bis tief in den Hals rutschte, konnte der Mensch nicht mehr gleichzeitig schlucken und atmen. Seither erst kann sich der Mensch verschlucken – vor allem für Kleinkinder häufig lebensgefährlich. Dies war ein hoher Preis, den der Mensch nur in Kauf nahm, weil er dafür etwas Kostbares gewann: die Sprache.

Hirn und Kehlkopf jedoch zersetzen sich nach dem Tod. Sie entziehen sich dem Prozeß der Fossilisierung. Deshalb erlauben nur vage Indizien Rückschlüsse auf die Evolution der Sprache.

Auf den Weg der indirekten Beweisführung hat sich zum Beispiel der Paläoneurologe Ralph Holloway begeben. Er stellte einen Abdruck des Innenraums von KNM-ER 1470 her, des wohl bekanntesten Homo-habilis-Schädels (von anderen als Homo rudolfensis identifiziert), und erhielt somit einen Abdruck des Gehirns, das dieser Schädel beherbergt hatte.

Dabei entdeckte er eine charakteristische Delle, genau über der Stelle, an der beim Menschen das Broca-Zentrum liegt, jene Hirnregion, die für die grammatische Struktur der Sprache verantwortlich ist – ein erstes Zeugnis keimender Wortgewalt?

Andere Anthropologen verweisen darauf, daß sich beim Homo erectus die Schädelbasis, das Knochendach über den oberen Atemwegen, zu wölben beginnt. Sie sehen darin ein erstes Zeichen dafür, daß sich die Lage des Kehlkopfs verschoben hat.

Umstrittene Indizien zwar, doch für Leakey wichtige Puzzlesteine, die er zu einem Gesamtbild des Jungen vom Turkana-See zusammensetzt: einem Bild vom wortgewandten Urtypus des Menschen. Sprache, Werkzeug, eine lange Jugend und fleischhaltige Kost: Leakey sieht darin ein »Evolutionspaket«. Jede dieser Innovationen beschleunigte die Entwicklung der anderen. Gemeinsam trieben sie den Homo erectus voran auf dem Weg zum modernen Menschen.

Durch nichts stellte das neuentstandene Geschöpf seine Überlegenheit deutlicher unter Beweis als durch seinen plötzlichen Expansionstrieb. »Spätestens mit der Entstehung des Homo erectus war die Voraussetzung für die Auswanderung aus Afrika vorhanden«, hatte Schrenk schon verkündet, ehe er vom spektakulären Fund seines Kollegen Gerhard Bosinski erfuhr.

Der Archäologe vom Römisch-Germanischen Zentralmuseum in Mainz war schon im Jahre 1991 in Georgien auf den Unterkiefer eines Homo erectus gestoßen. Doch noch standen ihm Jahre der Forschung bevor, bis er die Zweifel seiner Fachkollegen am Alter seines Fundes beseitigt hatte.

Ein erster Hinweis auf das Alter einer Sedimentschicht ergibt sich aus der Tierwelt, die darin eingeschlossen ist. Größere Genauigkeit der Altersbestimmung wurde jedoch erst mit der Entdeckung einer Uhr möglich, die im Gestein tickt. Vulkanische Asche- und Gaseruptionen nämlich schleudern kaliumhaltige Minerale in die Atmosphäre. Wenn sie sich ablagern, beginnt in den entstehenden Tuff- und Basaltgesteinen das radioaktive Kalium-Isotop 40 in Argon zu zerfallen. Daraus, wie weit dieser Zerfall fortgeschritten ist, läßt sich das Alter des Tuffs mit hoher Genauigkeit berechnen.

Bosinskis Daten waren eindeutig. Und doch waren sie so ungewöhnlich, daß er zwei Jahre lang darum kämpfen

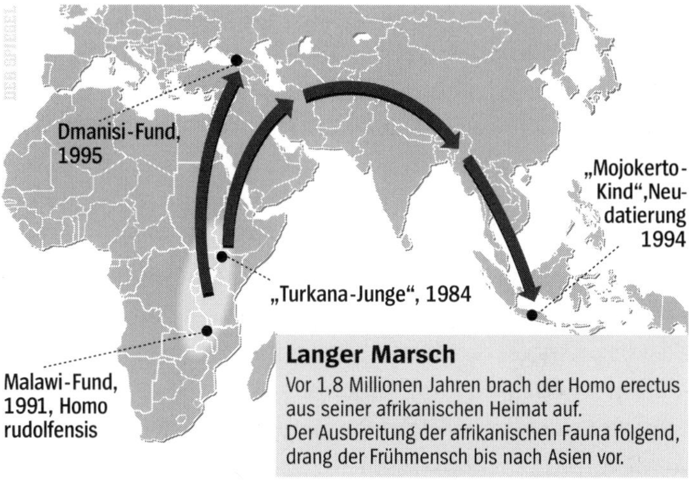

Langer Marsch
Vor 1,8 Millionen Jahren brach der Homo erectus aus seiner afrikanischen Heimat auf.
Der Ausbreitung der afrikanischen Fauna folgend, drang der Frühmensch bis nach Asien vor.

mußte, sie veröffentlichen zu dürfen. Dann erst standen sie in der Zeitschrift *Nature:* Der Erectus-Kiefer aus dem Kaukasus war 1,8 Millionen Jahre alt, fast so alt wie die Art Homo erectus selbst.

Der Mensch hatte folglich fast eine Million Jahre früher euroasiatischen Boden betreten, als es die meisten Forscher bisher für möglich gehalten hatten. Offenbar war mit dem Homo erectus die Wanderlust des Menschen geboren.

Das bestätigen auch Wissenschaftler, die kürzlich eine seit den dreißiger Jahren bekannte Schädeldecke eines jugendlichen Homo von der Insel Java neu datierten: Das »Mojokerto-Kind« mußte ebenfalls bereits vor 1,8 Millionen Jahren gelebt haben, 200.000 Jahre früher als sein entfernter Vetter, der Turkana-Junge.

»Die größten Überraschungen«, sagt denn auch Robert Martin, »erwarte ich aus Asien.« Dort sei die Hominidenforschung praktisch zum Stillstand gekommen, seit alle Forscher nach Zentralafrika, der Wiege der Menschheit, gepilgert waren. Erst in jüngster Zeit ist das Interesse an der Rolle Asiens erneut erwacht.

Homo erectus war ein guter Läufer auf zwei Beinen; vermutlich konnte er, mehr oder weniger radebrechend, sprechen; und er eroberte die Welt. Dennoch ist fraglich, ob ein unbefangener Biologe damals gerade in diesen eigenartigen Primaten das Zukunftsmodell der Evolution erkannt hätte, das wenig später den Planeten verändern sollte.

Zwar überlebte Homo erectus rund 1,5 Millionen Jahre, eine Rekordzeit im Vergleich zu allen anderen Mitgliedern der Familie der »Menschenartigen«. Trotzdem blieb auch er nur eine Episode in der Geschichte des Lebens. In Asien und auch in Europa, das er vor mindestens einer Million Jahren zu besiedeln begann, starb der Homo erectus aus. Erst vor rund 100.000 Jahren sollte dann ein Neuling aus dem Geschlecht der Hominiden, der moderne Homo sapiens, erneut die Landenge übertreten, die Afrika von Kleinasien trennt.

Auf den ersten Blick schien ihn nichts vor seinen Gattungsgenossen, dem archaischen Homo sapiens und dem Neandertaler, auszuzeichnen. Und doch war nur er es, der den Schritt aus der eiszeitlichen Höhle in die Bungalows, Kaufhäuser und Bürotürme der Gegenwart schaffte.

Worauf gründete sich sein einzigartiger Erfolg? Hatten subtile Veränderungen in seinem Gehirn den Menschen zum Kulturwesen gemacht? Oder war schon vor der Erfindung von Schmuck, Kunst, Mythologie und Handel das Ende der biologischen Evolution erreicht?

Das Erwachen der Kultur

Es waren ein paar kohlige Brösel, wenige Milligramm schwer nur, die für gewaltige Aufregung in der Zunft der Archäologen sorgen sollten, die sich mit der dritten und letzten Phase der Menschwerdung befassen.

Denn diese Krümel aus Holzkohle hatte der französische Urgeschichtler Jean Clottes von den Bildnissen zweier Nashörner und eines Bisons abgekratzt, Werke eines Künstlers, der Anfang dieses Jahres als neuentdeckter »Leonardo da Vinci der Eiszeit« gefeiert worden war.

Im Tandetron, einem Beschleuniger in Gif-sur-Yvette bei Paris, wurden diese Überbleibsel aus der Palette des unbekannten Eiszeitmeisters von einem Massenspektrometer in ihre atomaren Bestandteile zerlegt. Was die Forscher allein interessierte, war die Konzentration des Kohlenstoffisotops C-14. Denn daraus läßt sich berechnen, wann die kohlige Farbe auf die Höhlenwand der Grotte Chauvet aufgetragen worden ist.

30.340, 30.940 und 32.410 Jahre: Das war ein Ergebnis, mit dem kein Archäologe gerechnet hatte. Damit stand fest: Der Hobbyforscher Jean-Marie Chauvet war kurz vor Weihnachten vergangenen Jahres bei seinem Streifzug durch die Karstlandschaft im Ardèchetal nicht nur auf eine der prächtigsten, er war auch auf die mit Abstand älteste der großen Bilderhöhlen aus der Eiszeit gestoßen.

Die eindrucksvollen Wisente von Altamira, die berühmten Stiere von Lascaux, die Mammuts und Pferde an den Wänden anderer Steinzeithöhlen: sie alle sind 10.000, 14.000,

Vor rund 100 000 Jahren:
Entstehung der Art Homo sapiens – der Mensch wird zum Kulturwesen.

16.000, aber nie mehr als 18.000 Jahre alt. Einsam, und deshalb bislang weitgehend unbeachtet geblieben, sprach nur das rotbraune Bild eines Rindes in der Grotte Blanchard dafür, daß der Mensch schon wesentlich früher das Malen erlernte.

Seit der Datierung der Meisterwerke in der Grotte Chauvet jedoch hat sich das Bild gewandelt: Gleich in diesem frühesten Beispiel von Malerei, rund 25.000 Jahre ehe Ötzi über die Alpengletscher stiefelte, offenbart sich der Homo sapiens als reifer, ausdrucksstarker Künstler. Die perspektivische Darstellung ganzer Tierherden und Jagdpanoramen, die sorgfältige Vorbearbeitung der Steinwände und die plastische Gestaltung der Pferde- und Löwenkörper in der Grotte Chauvet zeugen von einem hochentwickelten künstlerischen Talent.

Gespannt warten die Archäologen auf die detaillierte Auswertung. Vor allem auf dem Boden hoffen sie Fußspuren, Knochen, Steinsplitter oder Lampenreste zu finden, die ihnen Rückschlüsse darauf erlauben könnten, wie die Höhle genutzt, ob sie bewohnt oder nur als Kultstätte besucht wurde, möglicherweise aber auch, welche Bedeutung die Bilder gehabt haben könnten.

Seit im Jahre 1879 im spanischen Altamira erstmals die eindrucksvollen, mit Holzkohle und Mineralien auf die Höhlendecke aufgetragenen Tierdarstellungen entdeckt wurden, streiten die Archäologen über die Funktion dieser Bilder. Doch so verführerisch die prächtigen Gemälde waren, ihr Sinn blieb den Forschern verschlossen.

Lange Zeit taten sich die Wissenschaftler schwer, den vermeintlich rohen und primitiven Höhlenmenschen eine komplexe Welt von Mythen und Gedanken zuzubilligen. So wurde die Höhlenmalerei als zwar handwerklich geschickte, doch weitgehend bedeutungslose Ornamentik abgetan.

Vor allem Ethnologen indes äußerten Zweifel an diesem Glauben an die schöne Kunst der Einfältigen. Bei allen Naturvölkern stießen sie auf eine reiche Welt von Mythen und Göttern, und immer stand die Kunst in einer Beziehung zu ihnen. Was berechtigte die Forscher, der eiszeitlichen Kunst diese Bedeutung abzusprechen? Abbé Henri Breuil, der erste bedeutende Interpret der Höhlenmalerei, vertrat die These, die eiszeitlichen Jäger hätten mit den Tierbildern das Jagdglück beschwören wollen. Auf den französischen Archäologen André Leroi-Gourhan geht hingegen die Hypothese zurück, in den Bildern äußere sich der Gegensatz zwischen einem männlichen und einem weiblichen Prinzip.

Spätestens die neuentdeckte Höhle im Ardèchetal bringt nun die Verfechter beider Theorien in Erklärungsnot. Denn anders als in den Höhlen von Lascaux oder Altamira dominieren in der Grotte Chauvet Löwen, Nashörner und Bären, Tiere mithin, die kaum auf der Speisekarte der Künstler gestanden haben dürften. Und der Versuch, die gesamte 20.000 Jahre währende Höhlenkunst ins Spannungsfeld der Geschlechter zu stellen, erwies sich als zu einfach.

Inzwischen sehen die meisten Forscher in den Höhlenmalereien Bildergeschichten, in denen, wie etwa Gerhard Bosinski von der Universität Köln und dem Römisch-Germanischen Zentralmuseum in Mainz erklärt, »Mythologie oder Religion festgehalten wurde«.

»Viele der Höhlen waren offenbar nicht bewohnt«, versichert er. Fußspuren jedoch deuteten in einigen Fällen darauf hin, daß Jugendliche die Höhle betreten haben. Der Weg ins bedrohliche Dunkel, wo im Fackel- oder Lampenlicht die schwarzen, roten und ockergelben Tiergestalten aufflackerten, sei möglicherweise eine Art Initiationsritus gewesen.

Das Skelett einer Viper in einer der Höhlen – ein Tier, das sich natürlicherweise nie dort aufgehalten hätte – deutet Bosinski als Indiz, die unheimliche Dunkelheit der Höhle könnte durch Giftschlangen noch gruseliger geworden sein. »Hier«, spekuliert Bosinski, »wurden Jugendliche zu Erwachsenen. Dabei wurde ihnen sozusagen klargemacht, was die Welt zusammenhält.«

Die vielfältige Bilderwelt der Grotte Chauvet würde damit eine nicht minder komplexe Welt der Mythen widerspiegeln. Zugleich rückt die Datierung die Meisterwerke wesentlich näher an ein magisches Datum, das viele Archäologen für einen der wichtigsten Einschnitte in der Menschheitsgeschichte halten: den Beginn des Jungpaläolithikums.

Damals, vor rund 35.000 Jahren, habe der Mensch »eine Explosion der Kreativität« erlebt, diagnostiziert etwa der US-Archäologe Randall White. Eine Fülle unterschiedlicher Indizien führt er als Belege dafür an, daß ein tiefgreifender Wandel das Leben der Eiszeitmenschen verändert habe:

- ▷ Der Mensch entdeckt Knochen, Hörner und Elfenbein als neue Werkstoffe – er stellt daraus eine Fülle regional verschiedener Werkzeuge her;
- ▷ der Tauschhandel mit Muscheln, Bernstein oder anderen kostbaren Werkstoffen beginnt;
- ▷ gleichzeitig mit der Höhlenmalerei entstehen Bildhauerkunst und Musik;
- ▷ der Mensch schmückt sich erstmals mit Perlenketten, Anhängern oder anderem Schmuck.

Wie kam es zu diesem unvermittelten Aufblühen von Kultur in der, wie es der US-Anthropologe Ian Tattersall ausdrückte, »wichtigsten und zugleich rätselhaftesten Phase der menschlichen Evolution«? Zwangen die Umstände den Menschen, die Fähigkeiten seines Geistes zu entfalten? Oder pflanzte die Evolution in Form neuer Verschaltungen den Samen der Kultur ins Hirn des Homo sapiens? Warum keimte er nicht früher, und warum dann so plötzlich?

»Wer sich bei der Erklärung der Entstehung von Kultur die biologische Evolution zum Leitbild nimmt, der würde eine langsame, lineare Entwicklung erwarten«, sagt Joachim

Sprünge nach vorn

Im Verlauf der Steinzeit wächst das Menschenhirn kontinuierlich. Hingegen entwickelt sich die Werkzeugkultur nur langsam – in drei Stufen. Die Fähigkeit, Kunst hervorzubringen, bildet sich erst in der letzten Phase, dem Jungpaläolithikum, heraus.

A Oldowan-Kultur:
drei bis vier Werkzeugtypen, grob behauene Steine

B Acheuléen-Kultur:
etwa zehn Werkzeugtypen, Faustkeile

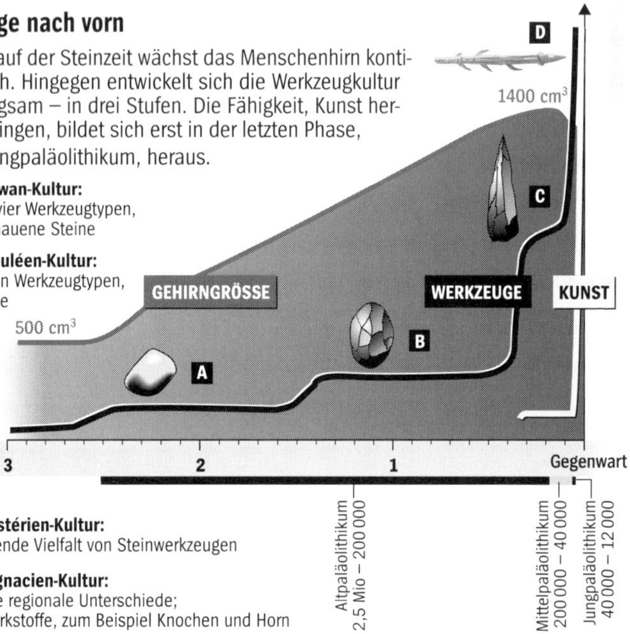

C Moustérien-Kultur:
zunehmende Vielfalt von Steinwerkzeugen

D Aurignacien-Kultur:
deutliche regionale Unterschiede; neue Werkstoffe, zum Beispiel Knochen und Horn

Hahn. »Aber wir sehen jetzt immer deutlicher: Das stimmt nicht.«

Winzige Knochen- und Elfenbeinsplitter, Bruchstücke gesprungener Kochsteine, dazu Fettflecken und Fischgräten in drei Kalksteinhöhlen auf der Schwäbischen Alb sind die Beweismittel, die dem Tübinger Urgeschichtler Hahn den Weg zur Geburtsstätte der Kultur wiesen. Der Homo sapiens wurde hier vor rund 35.000 Jahren von unwirtlicher Tundra empfangen. Von den Hängen bot sich den Neuankömmlingen ein weiter Blick über die Kaltsteppe, in der Mammute, Wollnashörner, Wisente und Rentiere grasten.

Gletscherwasser spülte als reißender Fluß durch das Achtal, in dem die Menschen lachsähnliche Äschen und dorschartige Rutten fischten – eine bizarre Bühne für den dritten Akt des Menschwerdungsdramas.

Und doch zeugen die Spuren in den drei von Hahn untersuchten Höhlen der Schwäbischen Alb – das Geißenklösterle, der Hohle Fels und die Brillenhöhle – davon, daß sich gerade hier trotz des widrigen Wetters das technische Genie des Menschen entfaltete.

Hatte das Universalwerkzeug Faustkeil, im Mittelpaläolithikum schließlich zu schmaleren Blattspitzen, Schabern und Spachteln verbessert, mehr als eine Million Jahre der Menschheitsgeschichte bestimmt, so finden sich jetzt plötzlich auch Speerspitzen aus Mammutrippen, durchbohrte Fuchs- und Wolfszähne, Spatel aus Hirschgeweih und Knochenpfrieme, mit denen sich Leder durchstechen ließ.

Holznot, vermutet Hahn, könnte die Phantasie der Eiszeitingenieure beflügelt haben. In der Asche der Feuerplätze fand er nur wenig Holzkohle von Polareichen und Zwergbirken, den einzigen Bäumen, die dem harschen Klima standhalten konnten.

Ihre Mammutkoteletts und Rentiersteaks mußten die Bewohner der Höhlen auf der Schwäbischen Alb deshalb über Knochenfeuern grillen, vermutet Hahn. »Das geht erstaunlich gut«, versichert er, er habe es selbst erprobt.

»Experimentelle Archäologie« nennen sich diese Simulationen des Steinzeitalltags: Mit Steinklingen häutet und seziert Hahn Rinder. Mit Baumharz leimt er Speerspitzen auf Holzschäfte. Mit Knochenpfriem und Tiersehnen näht er gegerbtes Leder.

Und in der Glut eines Knochenfeuers erhitzte er Kiesel, um sie dann in wassergefüllte Lederschläuche zu werfen: So wurde in der Steinzeitküche gekocht, ehe der Topf erfunden war, das jedenfalls schließt Hahn aus den rotgebrannten Steinen und den beim plötzlichen Abschrecken abgesprungenen Steinsplittern im Geißenklösterle.

Wo das Nachahmen der Vorfahren nicht weiterhilft, muß moderne Technik einspringen. »Die Urgeschichte«, sagt Hahns Kollege Hansjürgen Müller-Beck, »ist von der Wissenschaft des Spatens zur Wissenschaft der Mikroskope und feinster Bestimmungsgeräte geworden.«

Mit dem Rasterelektronenmikroskop versuchen die Wissenschaftler, winzige Spuren von Horn oder Knochen auf den benutzten Kanten der Steinwerkzeuge aufzuspüren, um daraus Rückschlüsse auf die Arbeitstechnik der Eiszeitmenschen zu ziehen.

Mit dem Gaschromatographen ließen sich Spuren von Wollfett am Höhlenboden nachweisen – ein Hinweis darauf, daß hier Textilien gefertigt wurden. Sie ermöglichten es dem Menschen selbst in der beißenden Kälte der Eiszeitwinter, seinen schlanken, unbehaarten Körper mit einem Mikroklima zu umgeben, das demjenigen seiner subtropischen Urheimat glich.

Wohl verblüffendster Ausdruck eines bahnbrechenden Wandels aber ist die Entstehung von Schmuck, Kunst und Musik. Reicht der Gebrauch von primitiven Werkzeugen bis tief in die Ära des Homo habilis zurück, so blüht die Kunst unvermittelt auf. Eine auf den ersten Blick nutzlose Begleiterscheinung der Intelligenz sollte nun zur Triebfeder der weiteren Entwicklung werden.

Archäologe Joachim Hahn vor winzigen Knochen- und Steinfunden aus der Schwäbischen Alb

Zwar sind einige wenige rote, schwarze und ockergelbe Farbpigmente auf einem Steinbrocken in einer der Achtalhöhlen der einzige Hinweis auf Malerei. Um so beeindruckender aber ist die Kunst der Bildhauer und Elfenbeinschnitzer.

Nicht nur waren sie offenbar fähig, zwei Millimeter kleine Elfenbeinperlen zu durchlochen – »wie sie das gemacht haben, ist mir ein völliges Rätsel«, muß Teststeinzeitler Hahn gestehen –, das Geißenklösterle war sogar eine regelrechte Serienproduktionsstätte von Schmuck.

Erst wurden Mammutstoßzähne in dünne Stifte zerschnitten. Diese wurden alle ein bis zwei Zentimeter eingekerbt, so daß sich die Rohlinge an diesen Sollbruchstellen zerbrechen und die Bruchstücke zu Elfenbeinperlen weiterverarbeiten ließen.

Die Prachtstücke im Katalog der Tübinger Archäologen aber sind eine Flöte aus einem Schwanenknochen, ein elfenbeinerner Bison, ein Bär und ein Mammut, vor allem aber die weltweit älteste Darstellung eines Menschen: Als Relief auf einem kleinen Elfenbeinplättchen reckt ein Mann seine Hände in die Luft. »Heute«, erklärt Hahn, »würde man sagen: er betet.«

Sowenig der elfenbeinerne Tand und die Flötenlieder am Lagerfeuer die Überlebenschance in den eisigen Wintern erhöht haben dürften, sosehr könnte doch gerade die Kunst den weiteren Fortschritt beschleunigt haben.

Für den US-Archäologen White jedenfalls war es besonders die Nachfrage nach Schmuckstücken aus exotischen Materialien, die den Tauschhandel in Gang brachte.

White glaubt gerade dort, wo die üppigsten Schmuckfunde gemacht wurden, auch die größte Vielfalt von Materialien erkennen zu können. Sind diese Orte, so fragt er, an denen die Menschen Güter tauschten, also gleichsam die Urstätten des Marktes?

Aus den Knochensplittern, Elfenbeinperlen und Skulpturen des Geißenklösterle oder Hohlen Fels das soziale Gefüge der eiszeitlichen Jäger- und Sammlergemeinschaften oder die Beziehungen der Gruppen untereinander zu rekonstruieren, ist schwierig. Daß aber die Sozialstruktur bereits erstaunlich komplex gewesen sein könnte und daß dabei Schmuck eine Schlüsselrolle gespielt haben dürfte, dafür spricht ein Fund in Sungir östlich von Moskau.

Dort wurden vor 28.000 Jahren zwei Kinder und ein 60jähriger Mann beerdigt. Die Begräbniszeremonie muß prunkvoll gewesen sein. Die Kleidung der Toten ist zerfallen, doch die Pracht, mit denen diese Kleider behängt waren, hat sich erhalten: Ein Gürtel aus 240 Fuchszähnen war um die Hüfte des einen Kindes geschlungen; um das Haupt des anderen rankt ein Kranz schneeflockenartiger Schnitzereien. Den Mann hatten die Hinterbliebenen mit 3000, jedes der Kinder gar mit 5000 Elfenbeinperlen geschmückt.

Mindestens 13.000 Stunden Arbeit, so berechneten die Archäologen, steckten in der Produktion dieses reichen Gepränges: ein Aufwand, den die steinzeitlichen Künstler vermutlich nur für einen bedeutenden Häuptling oder Medizinmann und seinen Nachwuchs getrieben haben. War in den kleinen Gruppen, die sammelnd und jagend durch die eiszeitliche Tundra zogen, Platz für eine Kaste der Mächtigen?

Die Funde in Südfrankreich, Rußland und auf der Schwäbischen Alb fügen sich zum Bild einer bereits erstaunlich komplexen Eiszeitgesellschaft, die bestimmt war von Mythen, Göttern und Magie.

Woher aber waren diese unvermittelt auftauchenden Europäer gekommen? Wo hatten diese Meister der Kunst gelebt, ehe sie ihre Jagdzüge bis ins Donau- und Rhonetal, bis nach Südfrankreich und Spanien ausdehnten? Und welche Fertigkeiten, Kenntnisse und Talente brachten sie von dort mit?

»Was die Entstehung des modernen Menschen betrifft«, meint der Anthropologe Fred Smith von der Northern Illinois University, »ist Westeuropa nur ein Stauwasser.« Die tatsächliche Handlung habe sich andernorts abgespielt. Auch Bosinski ist überzeugt: »Kunst, Schmuck und Malerei: das ist doch nicht alles vom Himmel gefallen.« Für Bosinski reichen die Wurzeln vieler Neuerungen des Jungpaläolithikums bis weit in die Zeit davor.

Steinzeitliche Elfenbeinfiguren (aus dem Geißenklösterle): älteste Menschen-Reliefdarstellung, Bison, Mammut, Höhlenbär

Der Vorstoß ins Mittelpaläolithikum jedoch führt die Forscher in eine Epoche komplexer, häufig verwirrender Wanderungs- und Verdrängungsprozesse. Erst in den letzten Jahren gelang es einer Koalition aus Fossil-, Gen- und Sprachforschern, etwas Licht ins Dunkel dieser Ära zu bringen – gleichsam der Zeitepoche, in der die Menschheit schwanger ging mit der Kultur.

Als Wegweiser zur Wiege des modernen Menschen dienten den Wissenschaftlern neben fossilen Schädel- und Kieferknochen die Gene der Mitochondrien und die Schnalzlaute der Hua-Buschmänner.

Derlei Indizien führten sie auf die Spur einer Revolution, kaum weniger dramatisch als diejenige im Europa des Jungpaläolithikums. Doch diesmal sind Ort und Zeitpunkt der Handlung gänzlich andere: Afrika, vor rund 150.000 Jahren.

Zu dieser Zeit siedelten Menschen längst nicht mehr nur in Afrika; bis nach China und in die Normandie, bis nach Kleinasien und nach Java hatten sie sich ausgebreitet und dabei eine erstaunliche Formenvielfalt entwickelt. Die Knochenfunde aus dieser Phase erwecken den Eindruck, als habe die Evolution hier unschlüssig an ihrem Geschöpf »Mensch« herumexperimentiert.

In Europa brachte sie eine Variante namens Neandertaler hervor. In Afrika, Ost- und Südostasien waren andere Ausprägungsformen des Menschen entstanden. Drei, vier oder noch mehr Arten glauben einige Anthropologen auseinanderdividieren zu können.

In gut 100.000 Jahre alten afrikanischen und kleinasiatischen Sedimenten stießen die Paläontologen – in all dem Wirrwarr von Menschentypen – erstmals auf Gebeine mit den charakteristischen Zügen des modernen Menschen: Die Knochen sind zierlicher, der Körperbau ist graziler. Das Schädelgewölbe wird höher und kürzer, das Gesicht zieht sich ganz unter die Stirn zurück, das Kinn spitzt sich zu.

Wie die Paläontologen, so glauben auch die Genforscher diesen Einschnitt in der Entwicklung des Menschen nachweisen zu können.

Sie orientieren sich am Erbgut, gleichsam dem molekularen Protokoll der Evolution. Denn der Natur passieren beim Kopieren von Genen immer wieder Fehler, die dann an die Nachkommen weitergegeben werden. So lassen sich aus der weltweiten Verteilung bestimmter Mutationen Rückschlüsse auf die Abstammung ziehen.

Der US-Genforscher Allan Wilson war vor acht Jahren der erste, der sich an dieser Form molekularer Geschichtsschreibung des Menschengeschlechts versuchte. Er machte sich zunutze, daß die Gene der Mitochondrien, bestimmter Organellen in den Zellen, stets von der mütterlichen Eizelle vererbt werden. Im Zellplasma jeder menschlichen Zelle, so folgerte Wilson, schwimmen mithin die direkten Abkömmlinge von Mitochondrien der Urmutter aller heute lebenden Menschen.

Diese Eva, so Wilsons Befund, lebte vor etwa 200.000 Jahren – und zwar dort, wo heute die genetische Vielfalt der Menschen am größten ist: in Afrika. Damals müsse sich irgendwo in Zentralafrika ein Stamm bereits weitgehend moderner Menschen herausgebildet und seither eigenständig entwickelt haben. »Eva kam aus Afrika«, mit dieser Parole eroberte Wilson die Titelseiten der Magazine.

Eva kam aus Afrika

Gen- und Sprachforscher rekonstruierten den Siegeszug des modernen Menschen: Vor rund 200 000 Jahren bildete sich in Afrika eine Menschengruppe, die sich zum Homo sapiens fortentwickelte. Bei seiner weltweiten Ausbreitung verdrängte der Homo sapiens alle anderen Menschenformen, auf die er in Afrika, Asien und Europa traf.

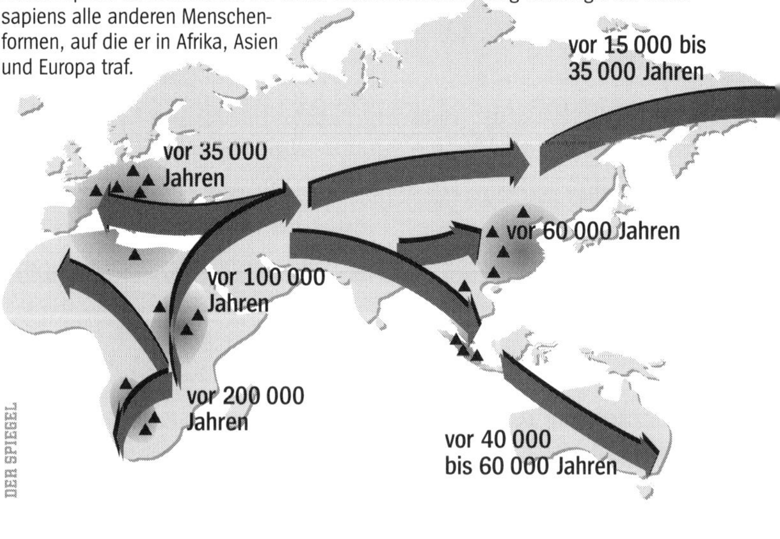

Unterstützung bekommt er inzwischen von einigen Sprachwissenschaftlern. Sie erforschen, wie sich im Laufe der Jahrtausende Worte und Laute verwandelt haben, und versuchen, daraus eine Genealogie aller menschlichen Sprachen zu rekonstruieren.

Zwar ist der Sprachenstammbaum, den der Linguist Joseph Greenberg von der Stanford University auf diese Weise ableitete, unter seinen Fachkollegen noch heftig umstritten. Dennoch wird er von den Genforschern gern zitiert, denn er zeigt bemerkenswerte Ähnlichkeiten mit dem Stammbaum, den Wilson aus den Genen las.

Wie die Gen-, so ist auch die Sprachenvielfalt nirgends so groß wie in Afrika. Während fast drei Viertel der Menschheit,

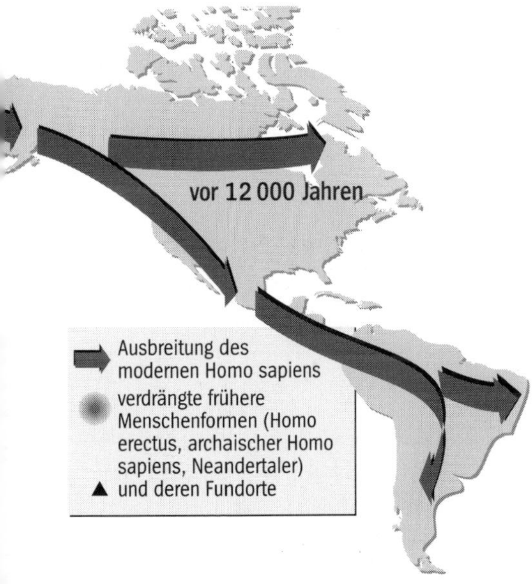

vom Iran bis nach Chile und von Japan bis Skandinavien, Idiome der sogenannten nostratischen Sprachfamilie sprechen, ist keinerlei Verwandtschaft zwischen dem schnalzenden Khoi-san der Buschleute Südwestafrikas, dem Nilosaharisch der Urvölker am Nil und der Niger-kordofanischen Sprachfamilie Westafrikas festzustellen.

Aus der Synthese der Erkenntnisse von Paläontologen, Sprach- und Genforschern zeichnet sich in groben Zügen der Eroberungszug des modernen Menschen ab: Ausgehend von Afrika, besiedelte er erst den Nahen Osten, dann das übrige Asien, Australien und schließlich Europa und Amerika.

All diese Daten fügen sich schlüssig. Und doch klafft eine Lücke zwischen der Entstehung der biologisch modernen Menschen vor rund 150.000 Jahren und dem Beginn der sich erst vor 35.000 oder höchstens 40.000 Jahren plötzlich entfaltenden Kunst.

Wenn mit dem biologisch modernen Menschen sein Kunstsinn und sein technisches Genie geboren wurden, warum bedurfte es dann weiterer 100.000 Jahre, sie zu entfalten? Oder umgekehrt: Wenn die Evolution erst vor 40.000 Jahren bei einem späten europäischen Abkömmling der afrikanischen Urfamilie die Kulturbegabung ins Erbgut pflanzte, warum ist diese dann heute bei den afrikanischen Völkern ebenso hoch entwickelt wie bei Europäern?

Dem Tübinger Archäologen Hahn scheint der Holzmangel in der eiszeitlichen Tundra Europas ein möglicher Schlüssel zur Lösung des Rätsels. Vielleicht seien, was bisher als Zeugnisse abrupten Kulturerwachens gewertet wurde, in Wirklichkeit nur Dokumente eines von der Not erzwungenen Übergangs zu neuen, dauerhaften Baustoffen und Materialien.

»Vermutlich war lange Zeit Holz der wichtigste Werkstoff des Menschen«, spekuliert Hahn. Vielleicht werde der frühe Afrikaner oder Asiate nur deshalb für kulturlos gehalten, weil seine Holzspeere, -boote oder -skulpturen inzwischen verwest sind.

Zudem wurde nirgends so gründlich nach Spuren der Vorfahren gefahndet wie in Europa. Möglicherweise warten in unerforschten Gegenden Afrikas, Asiens oder Australiens noch ungeahnte Kulturzeugnisse auf ihre Entdeckung.

Tatsächlich gibt es inzwischen die ersten Funde, die dem Europäer seinen Rang als Erfinder der Kultur streitig machen könnten. Vermutlich schon vor 40.000 bis 90.000 Jahren schmückte sich der Afrikaner mit Perlen aus Straußeneierschalen. Auch feingearbeitete Harpunenspitzen aus Knochen, die an zwei Fundorten in Zaire entdeckt wurden, könnten 90.000 Jahre alt sein.

Mit Hilfe der Thermolumineszenz, einer neuen Datierungstechnik der Archäologen, bestimmte der australische Urgeschichtler Rhys Jones auch das Alter von Malereien in Nordaustralien auf 55.000 bis 60.000 Jahre. Sollte sich dieses Ergebnis bestätigen, müßten Siedler nicht nur schon sehr früh den australischen Kontinent erreicht haben – was beachtliche Fähigkeiten in Schiffbau und Navigation voraussetzt; sie hätten auch ihre Liebe zur Kunst schon rund 30.000 Jahre früher entdeckt als ihre Vettern in Südfrankreich.

Aus diesen und ähnlichen Funden könnte Schritt um Schritt eine Entwicklungsgeschichte der Kultur hervorgehen, eine Chronik jener Zeit, die der von White postulierten »Explosion von Kreativität« in Europa voranging. Dann hätte der Homo sapiens bereits 100.000 Jahre Kulturgeschichte hinter sich gehabt, ehe er sich bis in das von Gletschern beherrschte Europa vorwagte.

Dort muß er bei seiner Ankunft vor rund 40.000 Jahren von Neandertalern empfangen worden sein, jenem Entwicklungszweig der Evolution, der bisher auf dem europäischen Kontinent die Menschheit vertreten hatte. Vermutlich waren die Neandertaler aus den nach Europa ausgewanderten Homo-erectus-Stämmen hervorgegangen: stämmige Jäger mit gedrungenem Körperbau.

Was ließ dennoch den schlanken und sicher kälteempfindlichen Homo sapiens im Wettstreit der Vettern obsiegen? Selbst wenn die beiden großhirnigen Primaten keine Vernichtungskriege gegeneinander führten, bei der Jagd auf Mammuts und Rentiere müssen sie Konkurrenten gewesen sein.

Dabei kann schon ein geringer Vorteil den Ausschlag gegeben haben. Wenn die Überlebenschance des zugewanderten modernen Homo sapiens nur um 2 Prozent über derjenigen des Neandertalers lag, so errechneten Ökologen, hätte das ausgereicht, den Alteingesessenen innerhalb von nur 5000 Jahren aus seiner ökologischen Nische zu verdrängen.

Worauf aber könnte sich eine derartige Überlegenheit gegründet haben? Bewußtsein, Sprache, Kultur und Mythologie – das sind die Begriffe, die unweigerlich fallen, wenn Anthropologen über diese Frage diskutieren.

Damit jedoch, das wissen sie, begeben sie sich auf das Terrain purer Spekulation. Denn Fossilien sind stumm, wenn es um Fragen des Geisteslebens geht. Wenn der Abdruck fossiler Schädelkalotten auch eine Vorstellung von der Form des Neandertaler-Gehirns gibt, über sein Innenleben verrät er nichts.

Und selbst wenn sich ein vollständiges Hirn erhalten hätte, so würde es vermutlich kaum mehr Aufschluß bieten. Denn niemand wüßte es zu lesen. Die Neurologen wissen keine Antwort auf die Frage, welche Hirnregionen, welche neuronalen Verschaltungen oder chemischen Botenstoffe die Fähigkeit des Homo erectus, Faustkeile zu bauen, zu jagen oder sich im sozialen Gefüge der Urmenschengesellschaft zurechtzufinden, in den Drang verwandelten, Bilder zu malen, Skulpturen zu schnitzen oder Mythen weiterzuerzählen.

Auch die Erkenntnisse der Archäologen helfen kaum weiter: Unter ihnen ist der Streit um die Frage nach den geistigen Fähigkeiten des Neandertalers so alt wie die Entdeckung des Neandertalers selbst.

Zwar fanden sich bei ihm kaum Anzeichen für Schmuck, Kunstgegenstände oder Knochenwerkzeuge. Dennoch ist das Bild vom grobschlächtigen, zotteligen und tierhaft grunzenden Halbmenschen längst revidiert. Auf dem Gebiet des heutigen Israel etwa, wo Homo sapiens und Homo neanderthalensis über einen Zeitraum von rund 50.000 Jahren gleichzeitig nebeneinander gelebt haben müssen, sind die Werkzeuge beider Arten »in nichts zu unterscheiden«, versichert Bosinski. Einige Forscher schließen aus den Ähnlichkeiten der Werkzeuge des Neandertalers in Nordafrika und Südspanien sogar, er müsse einen Weg über das Wasser gefunden haben.

Vor allem aber scheinen Bosinski die Begräbnisse von Toten ein untrügliches Zeichen für den Glauben an ein Leben nach dem Tod und damit für die Existenz einer ersten Mythenwelt.

Zudem ist sicher: Die Größe des Hirns kann der ausschlaggebende Faktor nicht gewesen sein, denn dann hätte der Neandertaler als Sieger aus dem Überlebensduell hervorgehen müssen. Nur selten erreicht heute ein Menschenhirn die Übergröße von 1500 oder gar 1750 Kubikzentimetern, wie sie bei einigen Neandertalern gemessen wurde.

Wenn weder Hirngröße noch Mythologie den Homo sapiens auszeichneten, worin sonst überbot er seinen Konkurrenten? Als weitere Möglichkeit wird unter Anthropologen die Beherrschung einer komplexen Sprache gehandelt.

Stand also dem flüssig über die Laichzüge der Lachse und das Heraufziehen von Gewittern plaudernden Homo sapiens ein unbeholfen stammelnder Neandertaler gegenüber? »Jeder hat drei Schuß frei«, bespöttelt Bosinski derlei Spekulationen.

Lange Zeit sahen die Forscher in der geringen Wölbung der Schädelbasis beim Neandertaler ein Indiz dafür, daß sein hoch liegender Kehlkopf es ihm nur erlaubte, schlecht artikulierte Grunzlaute von sich zu geben.

Doch dann wurde in der israelischen Kebara-Höhle erstmals der Unterkiefer eines Neandertalers mit erhaltenem Zungenbein gefunden – jenem Knochen, der am besten geeignet ist, Aufschluß über die Artikulationsfähigkeit zu geben. Die Antwort ließ kaum einen Zweifel zu: Der Neandertaler konnte sprechen.

Damit jedoch wollen sich diejenigen, die erst im Homo sapiens den wahren Meister der Sprache sehen, noch nicht geschlagen geben: Schließlich sei selbst die differenzierteste Lautkommunikation noch nicht gleichbedeutend mit menschenähnlicher Sprachbeherrschung. Denn erst im Hirn würden Wörter zu grammatischen Sätzen, abstrakten Gedanken oder mythischen Phantasien zusammengewoben.

Der moderne Mensch besitzt, was der Linguist Steven Pinker vom Massachusetts Institute of Technology einen »Sprachinstinkt« nennt. Der Forscher verweist darauf, daß Kinder Sprache nicht nur lernen, sondern sogar spontan erfinden können: Auch wenn sie nur einem verkümmerten, ungrammatischen Pidgin ausgesetzt sind, prägen sie dieser Krüppelsprache doch eigenmächtig eine grammatische Struktur auf. Es entsteht eine neue, komplexe und ausdrucksstarke Sprache.

Fehlte dem Neandertaler dieser spontane Trieb, die ganze Welt als Sprache im Kopf neu zu erschaffen?

Wenn weder Archäologen noch Paläontologen, weder Hirn- noch Genforscher auch nur eine Idee haben, wie sie diese Frage beantworten sollten, so spricht doch zumindest ein vages Argument der Linguisten dafür, daß die Antwort »Ja« lauten könnte: Aus dem Vergleich heutiger Sprachen können sie immerhin grob abschätzen, wann die Ursprache, aus der sie hervorgingen, entstand.

Die Wurzeln der Sprachenbildung, so das Fazit dieser Abschätzung, reichen vermutlich nicht wesentlich weiter als in jene Zeit zurück, in der in Afrika der erste Homo sapiens geboren wurde.

Indes: Einen wirklich stichhaltigen Beweis dafür, daß der moderne Mensch tatsächlich das Sprachmonopol besaß, wird es vielleicht nie geben.

So könnte es sein, daß am Ende das einzig Einzigartige des Menschen darin besteht, daß er der einzige ist, der darüber nachdenkt, warum er einzigartig ist.

II.

Aufstand gegen den Tod

Archäologen klären das Rätsel der Pyramiden

von Matthias Schulz

Der Ursprung der ägyptischen Kultur

Wie gelang der Sprung vom Ende der Steinzeit in die rätselhafte Hochkultur des Pyramidenbaus? Neue Grabungsfunde in Ägypten geben Einblicke in die bisher unbekannten Ursprünge der Pharaonenkultur. Ausgräber fanden die Überreste von Werkstätten und die Skelette von Pyramidenarbeitern, die sich totgeschuftet hatten.

Düster und fremd, wie Bauwerke von einem anderen Stern, ragen die drei Pyramiden von Gizeh in den stahlblauen Himmel – über zehn Millionen Tonnen Stein, geformt zu »ungeheuren Kristallen«, wie der Philosoph Hegel befand. Scharen von Touristen pilgern zu den Grabmonumenten im Sahara-Staub.

Was sie nicht wahrnehmen, ist die Sensation, die sich im Schlagschatten der Kolosse ereignet. Mit Hacken und Schaufeln arbeiten sich im Umfeld der Mausoleen Dutzende von Grabungshelfern in den Wüstensand. Mit schwarzen Gummieimern wird der Aushub auf kleine Laster gekippt.

Pyramiden von Gizeh

Ausgrabung am Taltempel von Chephren

Sahi Hawas, Chefarchäologe auf dem Pyramidenplatz von Gizeh, ist begeistert: Erst kürzlich sind Granitblöcke, seltsame Steinbrücken und Felsrampen zum Vorschein gekommen – bislang unbekannte Anlagen des Taltempels von Pharao Chephren, einem Herrscher der 4. Dynastie. Vermutlich war es die Kultbühne für den Auferstehungsritus, mit dem die Mumie des Pharao in seine Pyramide, sein »Haus für die Ewigkeit«, geleitet wurde.

Fast jeder Spatenstich schält neue Details einer 4500 Jahre alten, bislang verborgenen Wunderwelt aus dem Boden. Immer mehr und immer Genaueres erfahren die Wissenschaftler über den Alltag der Pyramidenbauer.

Steinbrüche, Schlafstätten und Lebensmittelmagazine wurden in den letzten Jahren westlich der Cheops-Pyramide freigelegt. Grabungsteams stießen auf Bäckereien mit »versteinerten Brotkrümeln« (Hawas), aber auch auf Verwaltungsgebäude, von denen aus die Konstruktion der drei Grabmäler innerhalb von knapp 90 Jahren zentral geleitet wurde.

Archäologe Hawas geht davon aus, daß die einfachen Pyramidenarbeiter Brot aßen und Bier tranken, in engen kasernenartigen Camps zusammengepfercht lebten und nach einem elendigen Zehnstundentag den heiligen, von einer Riesenmauer umgebenen Baubezirk verlassen mußten.

Noch aufschlußreicher ist der Friedhof, gut 1000 Meter westlich der Cheops-Pyramide, wo Maurer und Steineschlepper begraben liegen. Hunderte von Gerippen und Totenschädeln fanden sich in den Erdhöhlen – ein Golgatha, das von den Berufskrankheiten der pharaonischen Handwerker erzählt.

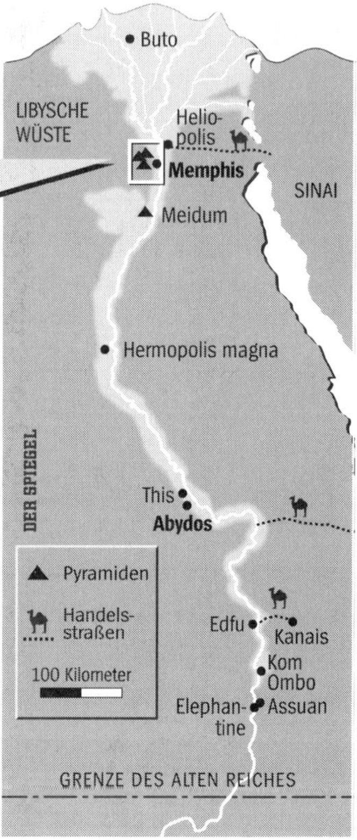

»Die meisten Skelette weisen Osteophyten auf«, erklärt Hawas. Solche Knochenauswüchse bilden sich bei chronischer Schwerstarbeit. Die Männer starben im Schnitt mit 30 bis 35 Jahren. Hawas: »Die haben sich regelrecht totgeschuftet.«

Mit den Entdeckungen am Fuß der Gizeh-Pyramiden nehmen jene anonymen Arbeitsheere Gestalt an, auf deren Rücken die ägyptischen Könige ihren Ewigkeitswahn auslebten – wie jener Pharao Cheops, der »Goldene«, »der die Feinde zerdrückt«, so seine Nebennamen, der größte aller Pharaonen, König von Ober- und Unterägypten, der den Jenseitskult auf die Spitze trieb*.

Mindestens 23 Jahre lang hatte der Gottkönig mit der breiten Boxernase über jenen Superstaat geherrscht, der sich mehr als 1000 Kilometer lang von der Nilmündung bis zum zweiten Katarakt hinter Assuan erstreckte – Beherrscher von rund 1,5 Millionen Menschen und Besitzer aller Steinbrüche des Reiches.

Ein rechtes Lotterleben hatten seine Untertanen dem Chef ermöglicht. Nilpferde hatte Cheops in den Papyrussümpfen im Delta gejagt, Zauberer und Tanzzwerge, wohl afrikanische Pygmäen, amüsierten ihn. Mindestens zwei königliche Gemahlinnen schenkten ihm Kinder, Dutzende von Nebenfrauen müssen in seinem Harem gelebt haben.

Als der Pharao Cheops im Jahr 2580 vor Christus starb, erfaßte die Schreckensnachricht das Land wie ein Feuer. Priester mit Glatzen, gekleidet in kiltartige Leinenröcke, umringten den Leichnam. Cheops, keine Frage, weilte nicht mehr im Diesseits. Schlimmer noch: Er war auch noch nicht im Jenseits angelangt, war noch nicht aufgestiegen zu den ewigen Zirkumpolarsternen und zum Sonnengott Re.

Um ihn dahin auf den Weg zu bringen, wurde das größte Staatsbegräbnis aller Zeiten zelebriert – ein religiöses Spektakel, an dessen Inszenierung die ägyptische Priesterschaft jahrzehntelang gefeilt hatte.

Niemals wieder sollte es einer menschlichen Kreatur gelingen, eine so aufwendige Himmelfahrt zu veranstalten, um sich dem Tod und der Verwesung, dem Vergängnis und dem Nichts entgegenzustemmen. »Der Pyramidenbau«, sagt der

* Der Ausdruck Pharao kommt aus dem Alten Testament und ist dem ägyptischen Wort Per'o entlehnt, das »Großes Haus« bedeutet.

Arbeiten am Bau der Pyramiden von Gizeh (Kupferstich von 1862)

britische Forscher Kurt Mendelssohn, war »eine Extravaganz von grandioser Verrücktheit«.

36.000 Ingenieure und Hilfsarbeiter, so die neuesten Schätzungen der Archäologen, mußten die Kernmauerblöcke des Cheops-Grabmals auftürmen. Weitere 10.000 Steinmetze fraßen sich wie Maulwürfe in die unterirdischen Brüche von Tura am Ostufer des Nils, um die weißen Verkleidungssteine für die Pyramide herauszubrechen. Selbst aus dem fernen Assuan war Rosengranit herangeschafft worden.

Mehr als 20 Jahre Bauzeit hatte das Projekt in Anspruch genommen. Nun erhob sich die Nekropole wie ein geometrisches Gebirge auf dem Gizeh-Plateau: 2,59 Millionen Kubikmeter gestapelter Fels, 146,6 Meter hoch. Der Schlußstein auf der Spitze, so die Vermutung, war mit Gold ummantelt und blitzte in der Sonne wie ein Laserstrahl.

Mindestens 97 Pyramiden wurden in Ägypten errichtet. Viele davon sind nur noch Trümmerhaufen, vom Wind erodiert oder von antiken Steinräubern abgetragen. Ständig werden neue entdeckt. Allein in den letzten beiden Jahren gelang es den Forschern, vier weitere jener Grabberge freizulegen, die die Griechen respektlos mit einem aufgetürmten Grießgericht («Pyramos«) verglichen.

Warum dieser Aufwand? Wofür die Qual? Grenzten die Projekte an »Hybris und Größenwahn«, wie der Archäologe Rainer Stadelmann, Chef des Deutschen Archäologischen Instituts in Kairo, vermutet? Sind sie Ausdruck religiöser Raserei, maßloses Anrennen gegen die Mächte des Verfalls und ein wütender Versuch, das Nichts nach dem Tode mit schierer Muskelkraft niederzuringen, wie Philosophen vermuten?

Pharao Djoser hatte, vor rund 4700 Jahren, mit dem kolossalen Unfug angefangen. Seine Pyramide war 60 Meter hoch. Pharao Snofru, Cheops' Vater – er baute gleich drei 100-Meter-Giganten –, hatte sich mit gewaltigen Konstruktionsschwierigkeiten herumgeschlagen.

Auch der Cheops-Sohn Chephren wollte hoch hinaus. Er visierte anfangs vermutlich eine Höhe von 300 Königsellen (156 Meter) an, um den Vorgänger noch zu überbieten – und scheiterte. Andere Herrscher starben vor der Zeit und hinterließen, wie Pharao Sechemchet, nur triste Stümpfe.

Cheops blieb unerreicht. Nur diesem Herrscher ward die Gunst zuteil, alle vier zentralen Bauteile seines Grabkomplexes fertigzustellen: den Taltempel, den Aufweg, den Totenopfertempel und die Pyramide selbst.

Nun lag der Mann leblos auf dem Schlafmöbel, dessen Liegefläche zu den Füßen hin abgeschrägt war, und der erste Akt der Auferstehung begann: Balsamierungspriester transportierten den Leichnam in ein Spezialgebäude und schnitten ihm den Bauch auf. Die inneren Organe wurden entnommen. Sodann glitt der Körper in ein Bad aus Natron oder Kochsalzlösung.

Nach dem 270 Tage dauernden Mumifizierungsprozeß – was der Zeitspanne der Schwangerschaft entspricht – begann Teil zwei der Himmelfahrt. Gleichsam als göttliches Wickelkind wiedergeboren, wurde der Pharao in eine 43 Meter lange Nilbarke verfrachtet und zum Taltempel am Ufer des Flusses geschifft.

Die Reste dieses klotzigen Gebäudes konnten am Fuß des Gizeh-Plateaus bei Probebohrungen geortet werden. »Das Gebäude war aus mächtigen Kalksteinen errichtet«, berichtet der Kairoer Chefarchäologe Hawas. Darin thronten wahrscheinlich Statuen der Göttinnen Hathor und Isis.

Kaum war der Leichenzug der Barke entstiegen, ertönten Gesänge. Vorlesepriester murmelten Formeln, Weihrauch stieg auf. Sinn des Ritus: Die in Stein geschlagenen Göttinnen sollten das auferstandene Kind Cheops säugen.

Sodann schritt der Prozessionstroß den Aufweg hoch. Der griechische Historiker Herodot hat diesen Highway in Richtung Ewigkcit noch weitgehend intakt vorgefunden. 820 Meter lang führte der Damm vom Flußtal in die Wüste, das Totenland, empor.

Schließlich erreichte der Trauerzug den Totenopfertempel, der im Schatten der Pyramide stand. Überlebensgroße Cheops-Statuen sollen dieses Heiligtum einst geschmückt haben. Erhalten geblieben ist nur der Fußboden aus schwarzem Basalt.

Diese Etappe der Prozession war gleichsam als letzter Imbiß an der Schwelle zur Unsterblichkeit gedacht. Auch Mumien, so die Vorstellung der alten Ägypter, plagt der Hunger.

Grabungsleiter Sahi Hawas vor den Resten des Taltempels von Chephren

In den Magazinen des Tempels lagen Spezereien. Sie wurden dem Toten nun symbolisch auf dem Opferaltar kredenzt.

Gestärkt durch die Kaloriengabe, ging die Cheops-Mumie (ihr Penis war gesondert umwickelt) nun dem letzten und beschwerlichsten Teil der Grablegung entgegen. Über eine hölzerne Rampe trugen die Bestatter den bemalten Holzsarg zum Pyramideneingang, der in 17 Meter Höhe liegt.

Aus Angst vor Grabräubern hatte Cheops nur extrem enge, leicht verschließbare Korridore im Grabinneren anlegen lassen. Im Zickzack führen die Schächte zur Königskammer empor. Auf allen vieren kriechend, schoben die Pfaffen den Sarg voran und legten die Mumie schließlich im Sarkophag ab, den die Baumeister schon während des Baus von oben in den Raum eingelassen hatten. Dann rumsten Fallriegel nieder, Blockierquader wurden gelöst. Das Grab war verschlossen.

Alles umsonst. Diebe knackten den ingeniös versperrten Steintresor, Cheops' Leiche ist verschwunden: zerfleddert seine Leinenwickel, gestohlen die unermeßlichen Grabschätze, abgetragen die Verkleidungssteine des Bauwerks. Heute riecht es in Cheops' Königskammer penetrant nach Touristen, die das Wasser nicht halten können.

Was die Besuchermassen anlockt, ist schiere Neugier. Hart an der Grenze zur Steinzeit errichtet, ragen die ägyptischen Ruinen wie urtümliche Rätsel aus dem Wüstenstaub. Vor rund 5300 Jahren, als Ötzi im derben Felljanker über den Similaun kletterte, begann jener raketenartige Zivilisationsprozeß, der wenige Jahrhunderte später, in der 3. und 4. Dynastie, im Pyramidenbau gipfelte.

Ohne Kran und Wasserwaage stapelten die pharaonischen Baumeister ihre Steinmonster auf. Die Hochkultur der Sumerer in Mesopotamien, die – etwa zeitgleich mit den Ägyptern – am Euphrat siedelten, kann zwar kulturell konkurrieren. Doch ihre Bauten waren nur aus Lehmziegeln zusammengebacken.

Ägypten dagegen ist eine Welt aus Stein: Paläste, Obelisken und Kolossalstatuen, die in elender Knochenarbeit aus harten Mineralien wie Diorit, Granit, Basalt oder Quarzit herausgemeißelt wurden. Innerhalb von rund 100 Jahren wurden die ersten acht großen Pyramiden vollendet.

So was fasziniert. In der Antike standen Herodot und Thales am Nil und zollten den Weltwundern Respekt. »Soldaten, denkt daran, daß vier Jahrtausende von diesen Bauten auf euch herabschauen«, mahnte Napoleon, als er 1798 nach

Ägypten einrückte; im Schlepp hatte er Ärzte, Philologen und Vermessungstechniker. Dann folgten, im 19. Jahrhundert, abendländische Archäologen, die mit Akribie, aber auch – wie der Brite Howard Vyse – mit Sprengstoff in die Grabmäler eindrangen.

Die Rätsel wurden dadurch nicht weniger. Wie gelang es, diese gewaltigen Steinmassen aufzuhäufen? Wie konnte ein Volk, das weder Eisen noch Bronze kannte, das die Multiplikation nicht beherrschte und das Rad nicht nutzte, solche Leistungen vollbringen?

Erst in neuester Zeit wird das erstaunliche Gefüge des ägyptischen Superstaats erklärlich. Neue Details über Sitten und Sozialstrukturen, vor allem aus der dunklen Frühphase Ägyptens, geben Einblick, wie sich der Weg von der Schilfhütte zum Steinbau vollzog und der erste Zentralstaat der Erde geschaffen wurde.

Fast an allen großen Pyramiden des Alten Reichs (2700 bis 2130 vor Christus), die sich wie eine Perlenschnur von Abu Roasch bis Meidum erstrecken, haben sich Grabungsteams einquartiert.

In Abusir, der Nekropole der 5. Dynastie, arbeitet eine tschechische Mission. In Dahschur (4. Dynastie) sind deutsche und amerikanische Experten tätig. Das Umfeld von Gizeh wird von ägyptischen Teams umgewühlt. Und der Nestor der internationalen Pyramidologen-Gemeinde, der Franzose Jean-Philippe Lauer (* 1902) spürt unermüdlich im Djoser-Komplex umher, jenem kolossalen Pyramiden-Erstling, mit dem die himmelstürmende Bauwut in Nordafrika vor rund 4700 Jahren einsetzte.

Die Arbeit mit Spatel und Besen hat – außer den Arbeiter-

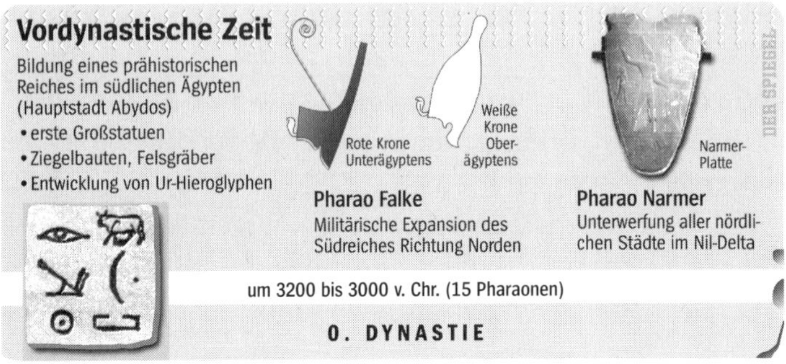

skeletten und den Kultstätten im Taltempel – in den letzten Jahren noch mehr Erstaunliches zutage gefördert. Zu den Highlights der letzten Grabungskampagnen gehören Entdeckungen, die viele Lehrmeinungen ins Wanken bringen dürften:

▷ In Abusir entdeckte der Prager Forscher Miroslav Verner die älteste aller bekannten Mumien. Vor etwa 4400 Jahren wurde ihre Haut von den Balsamierern konserviert und das Gehirn entnommen. Bisher waren die Forscher davon ausgegangen, daß die Ägypter diese Technik erst 1000 Jahre später erlernten.

▷ Archäologen aus Hannover und Berlin stießen in Sakkara, dem wichtigsten Königsfriedhof des Alten Reiches, auf ein 5000 Quadratmeter großes Grabmal aus der 2. Dynastie – ein Hinweis darauf, daß die Errichtung von Kolossalbauten weit früher begann als bislang vermutet.

▷ Günter Dreyer vom Deutschen Archäologischen Institut in Kairo gelang es, ägyptische Ur-Hieroglyphen zu entziffern. Dabei förderte er Spuren von rund 15 bislang unbe-

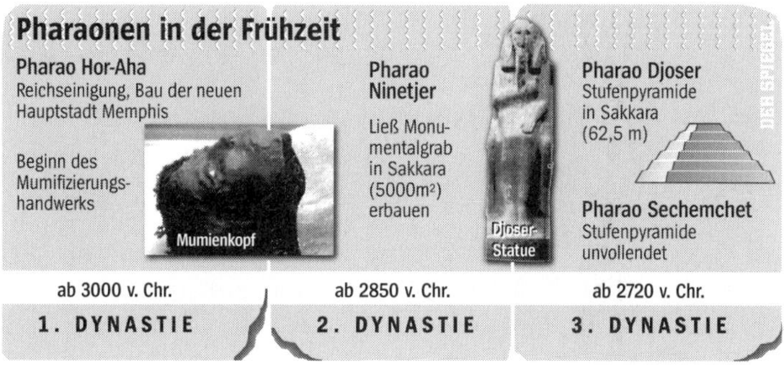

kannten Pharaonen zutage – furchterregende Könige, die Menschenopfer zelebrierten.

Die neuesten Erkenntnisse haben die Forscherzunft in Aufregung versetzt. Immer deutlicher zeigt sich, daß die Ägypter bereits im 4. vorchristlichen Jahrtausend jene fabulösen Fähigkeiten entwickelten, die Jahrhunderte später im Bau der Pyramiden gipfelten.

Mit dem neuen Licht, das auf die Wurzeln des Pharaonenreiches fällt, dürfte ein spannendes Kapitel der Ägyptologie beginnen. Die Anfänge des Reiches galten bislang, wissenschaftlich gesehen, als Schwarzes Loch. Zu lückenhaft waren die archäologischen Befunde, zu spärlich aber auch das Interesse der Forscher an der Frühzeit.

Bis heute liegt die Hauptstadt Memphis, von der aus das vereinigte Land während der ersten 800 Jahre regiert wurde, fast unberührt unter Bergen von Geröll. Über die Könige der Frühzeit, die sich noch unter befestigten Sandhügeln begraben ließen, herrscht schiere Konfusion.

Erst in der 3. Dynastie, mit König Djoser, setzen unüber-

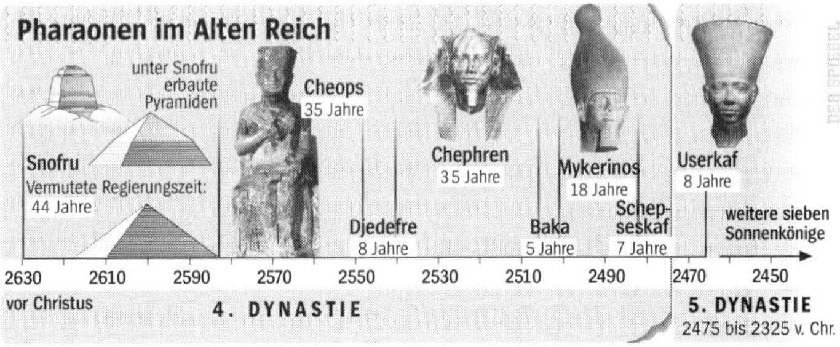

sehbar die hochaufragenden steinernen Zeugnisse ein. Etwa 2700 vor Christus hatte dieser Pharao seinen gut 150.000 Quadratmeter großen Grabkomplex in den Wüstensand gesetzt. Im Zentrum stand eine Stufenpyramide, gemauert aus 850.000 Kubikmeter Kalkstein – ein Wolkenkratzer, der die Skyline von Memphis beherrschte. Wie gelang es Djoser, in seinem Volk solche Produktivkräfte zu entfachen? Gleichsam aus dem Nichts, ohne architektonisches Vorbild, so schien es, war das erste Vollsteingebäude der Welt errichtet worden und sogleich zu einem Riesen geraten.

Generationen von Ägyptologen haben sich den Kopf über das Djoser-Rätsel zerbrochen. So als würde auf die Nutzbarmachung des Feuers sogleich der Bau der Atombombe folgen, stand der 62-Meter-Trumm jäh in der Landschaft. »Es fehlt einfach jede Vorstufe, jede Vorbereitungsphase«, klagte in den siebziger Jahren der Pyramiden-Experte Kurt Mendelssohn.

Manche Gelehrte hofften, der Pharao selbst könne das Geheimnis lüften. Im Jahr 1821 war der preußische Gesandte Baron Menu von Minutoli in den 28 Meter tiefen Grabschacht hinabgestiegen und hatte den Granitpfropf ausgehebelt, mit dem Djosers Ruhestätte zugestöpselt war. Der Entdecker fand einen vergoldeten Schädel und Reste mumifizierter Extremitäten. Doch auf dem Weg nach Berlin versanken die Leichenteile an Bord des Schoners »Gottfried« vor der Elbmündung.

1926 drang Djoser-Experte Jean-Philippe Lauer erneut in das Heiligtum ein und förderte einen mumifizierten Fuß zutage. Er wurde vor wenigen Monaten an der Universität Kairo mit Hilfe der C-14-Methode datiert. Doch auch diesmal machte sich Katerstimmung unter den Wissenschaftlern breit: Der Schrumpelfuß stammt aus der Zeit um Christi Geburt, als spätere Generationen das vorhandene Gemäuer wiederum für Bestattungen nutzten.

Nicht eine einzige Pharaonenmumie aus dem Alten Reich überdauerte die Zeit. Cheops' Leichnam: verschwunden. Sein Sohn Chephren: perdu. Chephrens Nachfolger Mykerinos: von antiken Dieben zerpflückt. Auch die Mumie von Pharao Sechemchet, dem Nachfolger Djosers, ist – auf bislang unerklärliche Weise – abhanden gekommen.

Sechemchets Torso-Pyramide in Sakkara schien, als sie 1954 entdeckt wurde, original verschlossen. Ein Blumenkranz lag auf dem Sarkophag. Doch die Totenkammer war leer. Der ägyptische Archäologe Zakkaria Goneim, der den Grabraum zuerst betreten hatte, wurde hernach des Diebstahls bezichtigt. Zermürbt durch die falschen Verdächtigungen beging er Selbstmord.

Solche Merkwürdigkeiten haben die Spekulationen geschürt. »Pyramidioten« (Archäologen-Slang) trauen den Zivilisationsbereitern vom Nil schlicht alles zu. Den interstellaren Raumflug sollen sie gekannt haben und in den Gebäudemaßen der Cheops-Pyramide die Kreiselbewegung sowie den Umfang des Planeten Erde verschlüsselt ausgedrückt haben.

Alles Unsinn, wie die Wissenschaftler versichern. Der Zug der Schwarmgeister wird dadurch nicht gestoppt. Derzeit pilgern vor allem US-Esoteriker nach Gizeh. Gegen Bakschisch werden sie morgens um fünf Uhr in die Cheops-Königskammer geleitet und dürfen in der heiligen Halle aus Rosengranit meditieren.

Doch auch anerkannte Experten sind angesichts der Sahara-Weltwunder gegen Schwachsinn nicht gefeit. Im US-Fachblatt KMT stellte der US-Geologe Robert Schoch die These auf, der Sphinx sei mindestens 11.000 Jahre alt. Nur mit Mühe gelang es, die Behauptung zu widerlegen.

Schuld an solchen Beweisschwierigkeiten ist das äußerst dünne Eis, auf dem sich die Erforscher des Alten Reichs bewegen. Erst in der 5. Dynastie, gut 100 Jahre nach Cheops, tauchen die ersten beschriebenen Papyri und Totentexte auf. Auch jetzt, fast 200 Jahre nach dem von Napoleon angeführten Wissenschaftsfeldzug, klaffen noch große Lücken im Verständnis dieser Hochkultur.

Wie viele Überraschungen mögen noch unterm Wüstensand verborgen sein? »Insgesamt 120 Expeditionen arbeiten in unserem Land«, erklärt der Direktor des Ägyptischen Museums Kairo, Mohammed Salih. Sein Haus übernehme mittlerweile nur noch »die schönsten neuen Pretiosen«. Salih: »Wir verwalten 160.000 Exponate. Die Vitrinen sind voll.«

Von König Cheops allerdings hätte der Museumschef gern mehr. »Ausgerechnet vom Erbauer der größten Pyramide, dem Herrn und Schöpfer des gewaltigsten Bauwerks der Menschheit«, klagt Archäologe Stadelmann, »hat nur eine winzige 7,5 Zentimeter hohe Elfenbeinstatue, die kleinste Königsplastik Ägyptens, überdauert.«

So bleiben viele Fragen vorerst noch ungelöst: Warum zum Beispiel ist Cheops' Grabkammer kahl und unverziert? Hatte der in späterer Zeit als »gottloser Tyrann« verschriene Herrscher ein »Bilderverbot« erlassen, wie einige Experten glauben? Wie gelang es seinen Bauleuten, 40 Tonnen schwere Deckenriegel auf 70 Meter Höhe bis in die Königskammer des Grabmals zu hieven?

Angesichts der spärlichen archäologischen Befunde blieb auch die Schlüsselfrage offen, die sich die Ägyptologen seit bald 100 Jahren stellen: Wie lösten sich die Niltalbewohner, umgeben von Wüstennomaden, aus der steinzeitlichen Stammeskultur? Wie gelang es ihnen, sich zu einem Millionenvolk zu versammeln und unter der Befehlsgewalt eines Häuptlings »den modernen Staat zu schaffen«, wie es der Prager Archäologe Miroslav Verner formulierte?

Phänomene wie Nationalgefühl, Organisation, Arbeitsteilung und Bürokratie, die heute selbstverständlich sind – all dies mußte von den Ägyptern erfunden werden. Wie das geschah, darüber geben die neuen Forschungen erstaunliche Aufschlüsse.

Anders als Mesopotamien mit seiner Vielzahl von Stadtstaaten war das alte ägyptische Reich ein zentralistischer Staat, wie ihn die Menschheit bis dahin nicht kannte.

Erst dieses Verschweißen totemistischer Clans zu einem Millionenvolk setzte jene Manpower und jene Fertigkeiten frei, für welche diese Nordafrikaner später gerühmt wurden:

Mit Steinhämmern und weichen Kupfermeißeln schlugen sie Berge weg und schichteten sie neu auf. Sie erfanden den Stuhl, das geeichte Maß und den 365-Tage-Kalender, sie bauten die erste Harfe, deren Konstruktion während der 4. Dynastie wie ein politisches Großereignis gefeiert wurde.

Doch wie und wann beginnt dieser Prozeß der Zivilisation? Die neuen Erkenntnisse zeigen, daß sich das Pharaonenland zwar mit Riesenschritten, aber doch kontinuierlich aus der Jungsteinzeit (Neolithikum) verabschiedete.

Dem Lehrbuchwissen zufolge beginnt die Geschichte des Landes um das Jahr 3000 vor Christus. Auf diesen Zeitpunkt datierte Manetho, ein antiker Historiker, die Machtergreifung des ersten Pharaos. Sein Name: Hor-Aha (»der Kämpfer«), Begründer der 1. Dynastie.

Die neuen Forschungsergebnisse dagegen lassen darauf schließen, daß die Geburtswehen der ägyptischen Nation schon drei Jahrhunderte früher einsetzten. Um diese vordynastische Epoche zu benennen, erfanden die Archäologen den Begriff der »Nullten Dynastie«.

Über Hor-Aha, den »ägyptischen Karl den Großen«, der nach bisheriger Lehrmeinung das Reich mit Feuer und Gewalt geeint haben soll, sind, im Gegensatz zu seinen bisher völlig mysteriösen Vorgängern, einige biographische Details bekannt. Der Überlieferung zufolge starb er während der Nilpferdjagd. In archaischer Zeit gehörte es zu den Privilegien der Könige, den mächtigen Flußdickhäutern von schwankenden Schilfbooten aus mit Lanzen nachzustellen. Der Pharao war dabei ins Wasser gefallen und von Nilpferden zermalmt worden. Der Ruf des großen Reichseinigers eilt dem »Kämpfer« allerdings zu Unrecht voraus. Hor-Aha war dem aktuellen Forschungsstand zufolge nur der Vollender eines militärischen Schlagabtausches, der die Urägypter mehrere Generationen lang erschüttert hatte.

»Wohl an die 200 Jahre haben die Südägypter versucht, den Norden zu erobern«, faßt Archäologe Dreyer das Geschehen zusammen. Die Reichseinigung sei in Wahrheit ein quälender Prozeß gewesen. Die Geburt der Nil-Nation basiert auf einem Blutbad.

Dreyer, Kodirektor am Deutschen Archäologischen Institut in Kairo, kann das dramatische Vorspiel der Nil-Kultur seit Jahren aus erster Hand studieren. Seit 1980 sind die Deutschen im Besitz der Grabungslizenz für die Königsnekropole von Abydos. Sie gilt als Keimzelle der ägyptischen Hochkultur.

Gewaltige, in den Boden getriebene Kammergräber, Bettfüße aus Elfenbein, Spielzeug und Tausende von Schmuckperlen haben die Deutschen auf diesem frühzeitlichen Königsfriedhof, 500 Kilometer südlich von Kairo, freigelegt. Wichtiger noch: Dreyer ist es gelungen, die in Abydos aufgefundene Hieroglyphenschrift zu entziffern.

Die urtümlichen Bildzeichen reichen tief ins vordynastische Dunkel zurück und geben Kunde von einer bislang unbekannten Pharaonenwelt. Bereits 3300 vor Christus hat sich zwischen den Städten Abydos und This ein hochorganisiertes Machtgebilde entwickelt.

Mehr als 15 Herrscher konnte Dreyer mittlerweile der »Nullten Dynastie« zuweisen. Die archaischen Könige hießen Fingerschnecke, Elefant, Storch oder Skorpion – Namen, die davon zeugen, wie stark dieses prähistorische Land noch den Tierreligionen verhaftet war.

Doch die Bewohner des südlichen Urreichs besaßen bereits erstaunliche handwerkliche Fähigkeiten. In Brennöfen schmolzen sie Silber (Mindesttemperatur: 960 Grad Celsius). Auch Hartgestein konnte offensichtlich schon bearbeitet werden.

Noch erstaunlicher wirken die fast vier Meter hohen Statuen des Fruchtbarkeitsgottes Min. Bereits 1894 hatte der britische Gelehrte Flinders Petrie drei kopflose Kolossalfiguren (Gewicht: zwei Tonnen) in einem Tempel entdeckt. Sie sind walzenförmig aus dem Stein geschlagen und tragen steil aufragende Geschlechtsteile.

Bislang hielten es viele Archäologen für ausgeschlossen, daß Menschen des 4. vorchristlichen Jahrtausends solche

Himmelsleiter aus Stein Das Grabmal des Pharaos Djoser
(erbaut um 2690 bis 2660 vor Christus)

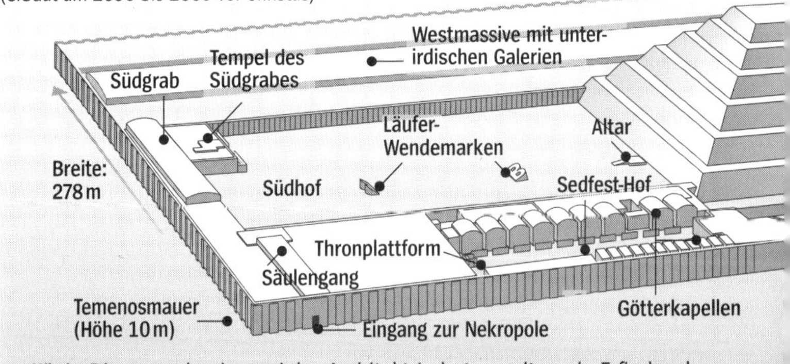

König Djoser und sein genialer Architekt Imhotep gelten als Erfinder des monumentalen Steinbaus. Ursprünglich nur als wenige Meter hohes Grab geplant, wuchs die Totenstätte schließlich zu einer Himmelsleiter aus Stein. Innerhalb der Nekropole (Grundfläche 151 510 m^2) befanden sich Scheinbauten, die, Spielzeugmodellen vergleichbar, die Lebenswelt des Königs abbildeten: seinen Palast in Memphis, den Thron, Götterkapellen und den Sedfest-Platz, auf dem die ägyptischen Pharaonen Thronjubiläen feierten und mit rituellen Wettläufen ihre Kraft beweisen mußten. Über Scheintüren,

Steinkolosse bearbeiteten. Dreyer gelang nun anhand der eingeritzten Hieroglyphen auf der Schärpe der Statue eine sichere Datierung: Die Min-Plastik ist etwa 5250 Jahre alt.

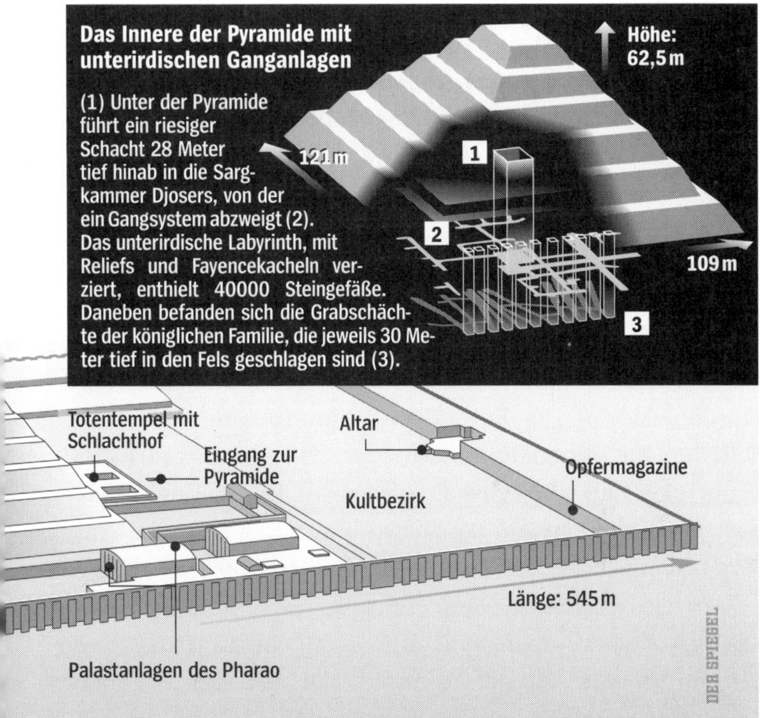

so die religiöse Vorstellung, konnte der Verstorbene die Pyramide verlassen und sich im Mauerzingel frei bewegen. Für sein leibliches Wohl sorgten Totenkult-Priester, die ihm täglich Speise- und Trankopfer darbrachten. Die fast unvorstellbare Kraftanstrengung im Hoch- und Tiefbau gipfelte in den Ausschachtungsarbeiten für das Südgrab. Dessen Totenkammer, ebenfalls 28 Meter tief in den Boden gemeißelt, ist eine Doublette des nördlichen Sargraums. Neuen Funden zufolge wurde hier der „Ka", die Lebenskraft des Pharaos, symbolisch beigesetzt.

Die vom deutschen Abydos-Team geschlagene Zeitbrücke reicht bis zu einem Ur-Pharao namens »Fingerschnecke«. Dieses Weichtier (lambis truncata) wird 35 Zentimeter groß und lebt im Flachwasser des Roten Meeres. Indiz für vorzeitliches Globetrottertum?

Daß der Steinzeitstaat am Südnil weitreichende Handelskontakte pflegte, ist durch weitere Funde belegt. Weinkrüge aus Palästina und Lapislazuli aus dem 3000 Kilometer entfernten Afghanistan wurden in den Gräbern der Abydos-Herrscher gefunden. Auch zu Elam, einem sagenumwobenen Land im heutigen Iran, gab es Verbindungen. Messergriffe aus Elfenbein tragen typisch elamische Verzierungen. Dreyers Vermutung: »Die Elamer waren Gastarbeiter am Nil.«

Als Handelswege dienten wahrscheinlich Karawanenstraßen, die um das Rote Meer herum bis tief nach Asien reichten. Auf diesen Routen wurde auch die wichtigste Erfindung jener Zeit ausgetauscht: die Schrift. Fast zeitgleich fangen die Urägypter und die Sumerer mit dem Schreiben an. Wer da von wem gelernt hat, ist noch nicht geklärt.

Das vordynastische Südreich muß auch militärisch prosperiert haben. Spätestens um 3150 vor Christus, sagt Dreyer, »begann die gewaltsame Unterwerfung des Deltas unter einem Pharao namens Falke«.

Holzmodelle aus dem Mittleren Reich vermitteln einen plastischen Eindruck, wie sich die Steinzeit-Soldaten damals gegenüberstanden. Halbnackte, nur mit Leinenröcken bekleidete Bogenschützen rückten in Trupps zu je 40 Mann vor. Die Waffen der Lanzenträger waren mit Flintsteinspitzen bestückt. Schutz bot ein bemalter Holzschild, der vor der

Hieroglyphentafel aus der 4. Dynastie, gefunden auf dem Arbeiterfriedhof bei der Cheops-Pyramide

Brust getragen wurde. Im Nahkampf kamen Äxte zum Einsatz.

Der Vormarsch der Südstaatler muß auf starken Widerstand gestoßen sein. Rund zwei Jahrhunderte soll die Gegenwehr der Deltabewohner gedauert haben. Dennoch unterlagen sie. Der Süden schluckte Stadt für Stadt. Schließlich standen die Truppen aus Abydos am Mittelmeer. Der Norden war besiegt.

Bereits Pharao Narmer, der letzte vordynastische König, muß das Reich vom Delta bis tief nach Nubien militärisch kontrolliert haben. Ein Steinrelief zeigt ihn mit nacktem Oberkörper und Keule, wie er einen nordägyptischen Feind traktiert. An seinem Leinenschurz baumelt ein Stierschwanz.

Doch der mit Gewalt erzwungene Friede war brüchig.

Immer wieder krachte das Reich auseinander und wurde mit Waffengewalt wieder zusammengeschweißt. Entsprechend martialisch klangen die Namen der Pharaonen in der 1. Dynastie: Dem »Kämpfer« folgten »Der die Schwingen spreizt« und »Der schüttelnd mit dem Arm droht«.

Das Brutalo-Image der Herrscher weist auf die angespannte Lage im gerade geschaffenen Großreich. Noch in der 2. Dynastie muß Pharao Chasechemui (um 2750 vor Christus) Aufstände niederschlagen. Einer Sockel-Inschrift zufolge soll er 47 209 Rebellen aus dem Delta niedergemetzelt haben.

Das Problem lag im Mentalen. In Südägypten stand seit alters her der falkengestaltige Himmelsgott Horus hoch im Kurs. Im Norden wurde das Fabelwesen Seth verehrt, eine Art Hund mit Giraffenschwanz. Der legendäre Pharao Hor-Aha versuchte es mit Tricks. Um den gedemütigten Volksteil zu versöhnen, so die Annahme, aber auch zur besseren Kontrolle des eroberten Gebiets, verlegte er die Regierungshauptstadt hoch in den Norden nach Memphis nahe dem heutigen Kairo. Zugleich setzte er offensichtlich bei jedem Anlaß wechselweise die rote Krone Unterägyptens und die weißgefärbte Ledertüte Oberägyptens auf.

Die Gräber der frühen Herrscher indes zeugen noch von archaischer Mentalität: Menschenopfer wurden zelebriert. So gleichen die abydenischen Nekropolen der 1. Dynastie gruseligen Schädelstätten. Am Grab des bei der Nilpferdhatz verunglückten Pharaos Hor-Aha, dessen drei Kammern je 80 Quadratmeter groß sind, wurden 7 Löwen und 33 junge Diener abgeschlachtet.

Der Totenkult mit Menschenopfern nimmt in der Folgezeit noch zu. Immer ausladender werden die Pharaonengräber angelegt: Dutzende von quadratischen Gruben, schachbrettartig angeordnet, treiben die Handwerker in den Boden. Über diesen Felskammern türmten sich wahrscheinlich große, lose aufgeschichtete Steinhaufen – primitive Urformen der Pyramiden.

Doch noch sind die unterirdischen Bauteile der Gräber wichtiger. Zwerge und junge Frauen mußten den Königen in den Tod folgen. In einer Katakombe lagen 200 menschliche Skelette. Auch im Jenseits wollten die Herrscher offensichtlich bei Lust und Laune gehalten werden.

Der Archäologe Dreyer und sein Kollege Peter Munro vom Kestner-Museum in Hannover haben inzwischen auch die Veränderungen in der Folgezeit, der 2. Dynastie, eruiert: Der Königsfriedhof wird von Abydos weit in den Norden verlagert. Das ehemalige Feindesland wird nun zur letzten Ruhestätte der Pharaonen. Die Könige lassen sich vor den Toren der neuen Regierungshauptstadt Memphis, in Sakkara, begraben.

In dieser Zeit scheint auch im Lebensgefühl der Nil-Herrscher Bedeutendes vor sich zu gehen. Die Gräber werden größer, die Pharaonen legen sich religiöse Namen zu: »Zufrieden sind die beiden Mächte«, »Der zum Gott Gehörige«. Die Menschenopfer hören auf. Munro: »Da findet ein Vergeistigungsprozeß statt.«

Gleichzeitig expandieren die Bauleistungen, wie ein Fund von Munro beweist. Mit seinem Kompagnon Frank Seliger räumte er im letzten Herbst mit 30 Grabungshelfern Tonnen von Wüstensand weg und stieß auf den Grab-Oberbau des Pharaos Ninetjer aus der Mitte der 2. Dynastie. Diesen König trennen nur 50 Jahre vom ersten Pyramidenbauer Djoser.

Stolz steht das Team vor den Resten des unglaublichen Grabkomplexes. Auf einer Länge von 70 Metern ist die nördliche Umfassungsmauer freigelegt. Munro schätzt die Größe der Totenstätte auf »mindestens 5000 Quadratmeter«.

Imposanter noch sind die unterirdischen Labyrinthe des Grabmals. Auf einer Fläche von 3000 Quadratmetern ließ Ninetjer Schächte, Galerien und Stichkorridore in den Fels hauen. Der unterirdische Jenseitspalast muß kommod eingerichtet gewesen sein. »Es wurden sogar Küche, Klos und Speisekammern gefunden«, erläutert Munro.

Mit der in den Felsboden gepickelten Katakombe von Ninetjer ist nun erstmals ein monumentaler Vorläufer der Pyramiden entdeckt. Hunderte, vielleicht einige tausend Handwerker müssen mit dem Grabbau beschäftigt gewesen sein. »Entscheidend«, sagt der Berliner Archäologe Seliger, »ist die Steigerung der Dimensionen.«

Allenfalls knapp eine Million Menschen können damals in Ägypten gelebt haben. Doch das immer straffer organisierte Staatssystem ermöglicht die erstaunlichsten Bauleistungen – und es schafft die Ressourcen für einigen Luxus. Aus dieser Zeit stammen die Erfindung der Perückentracht aus Echthaar nubischer Frauen und das Medikament Igelfett gegen Kahlköpfigkeit.

Auch die Speisekarte der Bevölkerung wird opulenter. Die alljährlichen Nil-Schwemmen sorgen für reiche Ernten. 30 Biersorten werden im Reich gebraut. Der arme Mann ißt Fladenbrot und Zwiebeln, der Reiche löffelt Ochsenschwanzsuppe.

Bei der Tierhaltung experimentieren die frühen Nil-Bewohner mit Erfolg. Mäuse werden mit Rosinen und Nüssen gepäppelt (und verspeist), Hyänen domestiziert und mit einem speziellen Verfahren zwangsgemästet. Auf Geflügelfarmen werden Gänse und Kraniche gehalten. Das Huhn ist im Alten Reich noch unbekannt.

Als wichtigster Fleischlieferant muß der Ochse herhalten. Schon früh merken die Nil-Bauern, daß kastrierte Rinder schnell Fett ansetzen. Auch Koteletts von Schweinen werden auf offener Flamme oder im Tonherd gegrillt – als Ferkel war es ihnen noch gutgegangen, wie ein Relief beweist: Ein Bauer entwöhnt ein Ferkel von der Muttermilch, indem er ihm vorgekauten Speisebrei mit dem Mund in die Schnauze schiebt.

Langsam scheint das kriegerische Land zur Ruhe zu kommen. Doch Frieden und Luxus ließen offenbar auch Raum für geistige Abenteuer: Als erster trägt König Nebre (»Die Sonne ist Herr«) den Re-Namen im Titel. Die Sonnenreligion hatte begonnen, die höchsten Köpfe zu infizieren.

Zentrum des neuen Kults war die Wunderstadt Heliopolis im Norden, auch wirtschaftlich von Bedeutung, weil von hier die Karawanenwege in den Sinai gingen, wo die großen Kupferminen lagen.

Ausgrabungen ägyptischer Archäologen liefern einen ungefähren Eindruck von dieser Metropole: eine riesige Stadt, deren Zentrum aus einer Agglomeration von Tempeln bestand. Hier diente man nur einem Herrn: dem Sonnengott Re.

Die Rolle der Heliopolis-Priester ist gegenwärtig das spannendste Rätsel der Pyramidenforschung: Indizien sprechen dafür, daß diese Sekte den Ausgang bildet für den später ins Gigantische gesteigerten Pyramidenkult.

Genährt wird diese Spekulation durch das Sakrosanktum

von Heliopolis. Im Zentrum der Stadt stand ein uralter Fetisch, der Benben-Stein. »Das Kultobjekt muß noch irgendwo im Wüstensand verborgen liegen«, glaubt Archäologe Verner. Von alten Steinreliefs ist die Gestalt des Heiligtums bekannt: Sie ähnelt einer Pyramide.

Aber noch weitere Fakten deuten darauf hin, daß die Re-Priester jenen aberwitzigen Begräbnisritus inszeniert haben, der in der 4. Dynastie den Staat fast in die Pleite trieb:

▷ Imhotep, der geniale Architekt der ersten Pyramide, war nicht nur »Baumeister, Bildhauer und oberster Vasenhersteller« seines Königs Djoser, sondern zugleich auch »Hoherpriester von Heliopolis«.

▷ Das Pyramidion, der vermutlich vergoldete Abschlußstein der Pyramiden, den die Pharaonen – in einem feierlichen Zeremoniell – ihren Bauwerken aufsetzten, heißt in der Hieroglyphensprache Benbenet.

Die nun einsetzende Entwicklung wird in einem gewaltigen Eklat enden. Die ausladenden theologischen Spekulationen und der zunehmende Einfluß der Sonnenanbeter aus Heliopolis setzen jenes überbordende Baufieber in Gang, das den Pharaonenstaat in schwere innenpolitische Machtkämpfe treibt.

Unter dem Pharao Snofru, Cheops' Vater, wandelt sich die von Djoser überkommene Stufenpyramide zur geometrischen Idealform: eine schräg ansteigende Himmelsrampe, die direkt hinauf zum Solargestirn führen sollte. Als Gegenzug für die geforderte Bauleistung verspricht die Priesterschaft den Königen nicht weniger als die Unsterblichkeit.

Der Bau der Grabkolosse

Professor Michel Valloggia, Ägyptologe an der Universität Genf, sucht eine 4500 Jahre alte Leiche. Verwest kann sie nicht sein. Der Tote war ein Pharao, sein harzgetränkter Wickelkörper wurde für die Ewigkeit balsamiert.

Dennoch gestaltet sich die Mumien-Fahndung schwierig. Der Verstorbene soll in einem zusammengestürzten Grabschacht in dem Wüstendorf Abu Roasch nahe Kairo liegen – 20 Meter tief unter der Erde und begraben unter Bergen von Sand und tonnenschweren Steinen.

Um den königlichen Leichnam aus seiner Gruft zu befreien, hat Valloggia im letzten März schweres Gerät in die sandige Einöde geschafft. Über dem verschütteten Grabschacht wurde ein großer Teleskopkran errichtet. 150 ägyptische Arbeiter sind an der Expedition beteiligt, dazu Zeichner, Topografen und Fotografen.

Der archäologische Kraftakt gilt als derzeit spannendste Mission in der Ägyptologie. Zwar drängeln sich die Touristen in den Museen Kairos oder Londons um eine Vielzahl von Mumien aus späterer ägyptischer Zeit. Doch nicht eine einzige Pharaonenmumie aus dem Alten Reich (2700 bis 2130 vor Christus) hat die Zeiten überdauert. Die Urahnen von Ramses II. (gestorben um 1220 vor Christus) und Kleopatra (30 vor Christus) wurden allesamt Opfer blasphemischer Untaten: Grabräuber zerfledderten die Königsmumien, ihre Pyramiden wurden ausgeraubt.

Entsprechend gebannt blickt die internationale Pyramidologen-Gemeinde auf die Kranarbeiter von Abu Roasch.

Bis auf 15 Meter Tiefe hat sich das Team in der letzten Kampagne vorgekämpft. Die Grabung könnte erstmals den konservierten Körper eines jener Männer ans Tageslicht befördern, die, von den Sonnenpriestern des Re gestützt, den ersten Großstaat der Weltgeschichte regierten.

Was die Spannung weiter erhöht: Am Boden des Heiligtums soll nicht irgendein Herrscher liegen. Valloggia vermutet hier die Grabstätte von Pharao Djedefre, einem der rätselhaftesten Gottkönigen im Alten Ägypten. Eine Quarzitskulptur zeigt ihn als Jüngling mit melancholischem Blick. Nur eines ist sicher: König Djedefre (»Ewig dauert Re«) schob das wohl bizarrste Pyramidenprojekt aller Zeiten an.

Auf einer Felsklippe, acht Kilometer nördlich von den drei Gizeh-Pyramiden seiner Verwandten, wollte der Herrscher sein eigenes »Haus für die Ewigkeit« errichten. 1700 Meter lang sollte der Aufweg vom Taltempel steil hinauf zur Totenstätte führen.

Der exponierte Standort, unpraktisch bis dorthinaus, versprach eine fulminante ästhetische Wirkung. Hoch über dem Nil gelegen, würde das Grabmal in der untergehenden Sonne wie ein Riesenkristall leuchten – so die Idee. Romantisch mutet der Name des Projekts an: »Sternenzelt des Djedefre«. Nach bisheriger Forschermeinung scheiterte der ehrgeizige Plan kläglich. Nur einen mickrigen, höchstens zehn Meter hohen Pyramidenstumpf habe Djedefre hinterlassen, als er nach acht Jahren Regierungszeit starb. Fertig geworden scheint nur der unterirdische Teil der Anlage: ein riesiger Grabschacht, 21 mal 9 Meter groß, auf dessen Grund der schöngeistige Monarch notbestattet worden sei.

Diese seit Jahrzehnten vorherrschende Lehrmeinung hat

Der Sphinx der Cheops-Pyramide, das Abbild eines Pharaos in Löwengestalt, wacht über den Grabbezirk

der Mumiensucher Valloggia jäh erschüttert. Nach eingehender stratigraphischer Analyse des Geröllhaufens von Abu Roasch kommt er zu einem anderen Resultat: »Djedefres Grabmal wurde fertiggebaut.«

67 Meter, so heißt es in einem ersten Grabungsbericht, habe die Höhe der Sternenzelt-Pyramide betragen – bei einer Kantenlänge von 106 Metern. Noch erstaunlicher: »Das Grabmal war komplett mit Granit verkleidet.« Erst in römischer Zeit, so der Schweizer Experte, sei das kostbare Hartgestein von Räubern abgetragen worden. Sein Szenario, das der Genfer Ägyptologe mit zahlreichen Indizien unterfüttert, dürfte in der Archäologenzunft für Aufregung sorgen: Der geheimnisvolle Pharao Djedefre gehört zu jener Dynastie von Pyramiden-Titanen, die in schneller Folge eine fast unglaubliche Kulturleistung erbrachten.

Innerhalb von nur 100 Jahren türmten die Herrscher der 4. Dynastie über 25 Millionen Tonnen Stein zu streng geometrischen Grabbergen auf: Großvater, Sohn, Bruder, Enkel – ein ganzes Geschlecht von Baulöwen, das sich mit immer neuen Superlativen gegenseitig zu übertrumpfen versuchte.

Der erste von ihnen ist Pharao Snofru, der gleich drei Pyramiden ins Totenland westlich des Nils setzt. Zumindest von der aufgetürmten Felsmasse her avanciert er damit zum »größten Bauherrn aller Zeiten«, wie der Direktor des Deutschen Archäologischen Instituts in Kairo, Rainer Stadelmann, feststellt.

Nach Snofrus Tod holt Sohn Cheops zum Gegenschlag aus, dessen Grabmal in Gizeh, rund 7 Millionen Tonnen schwer, bis heute alle anderen überragt. Die Präzision des Bauwerks grenzt »ans Wunderbare« (Stadelmann).

Als nächstes besteigt der Cheops-Sohn Djedefre den Thron, nach dessen Leiche nun Valloggia sucht. Sein Pyramidenbellevue in Abu Roasch erreicht nach des For-

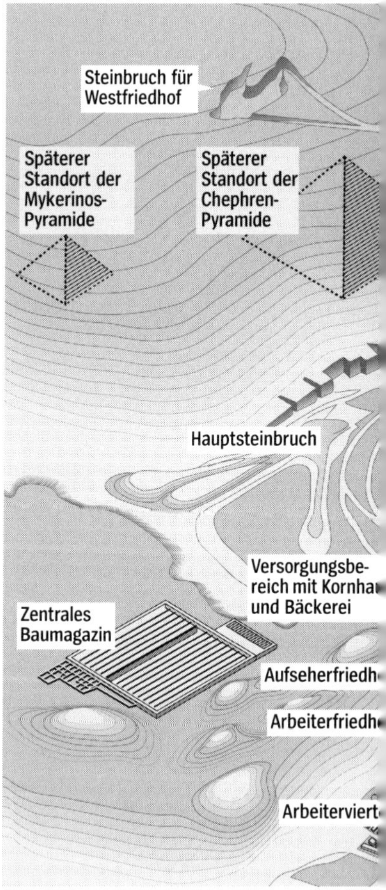

schers Ansicht zwar nur eine Höhe von 67 Metern. Doch das dabei verbaute Material muß die Steinmetze des Reichs zu ungeheuren Anstrengungen gezwungen haben: Granit ist zehnmal härter als jener Nummulitenkalkstein, mit dem Cheops seine Totenstätte errichtet hatte.

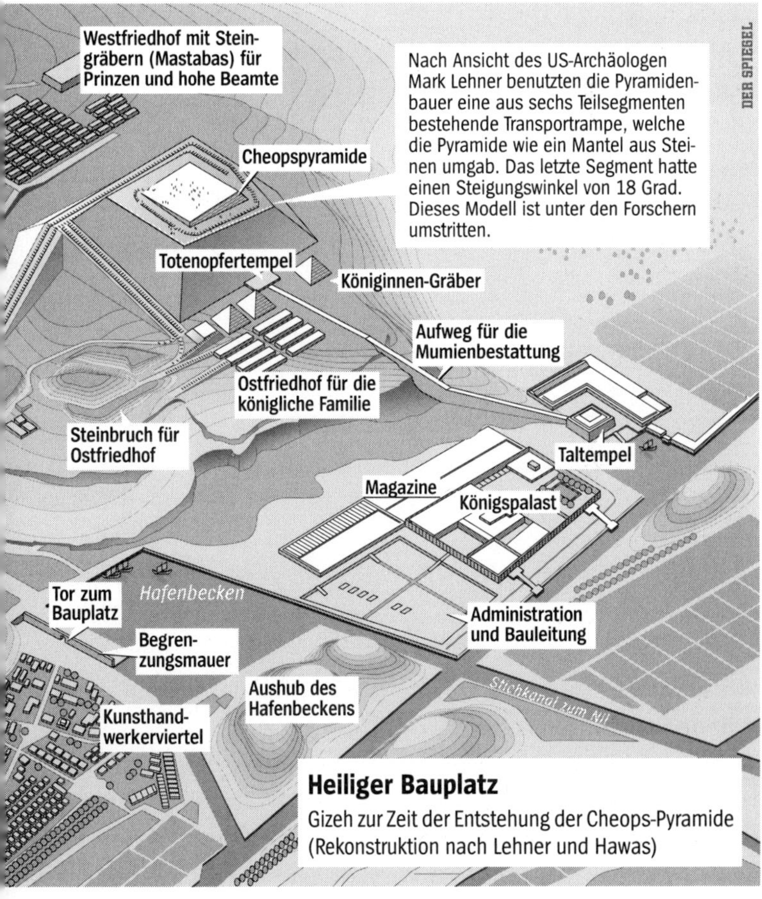

Heiliger Bauplatz
Gizeh zur Zeit der Entstehung der Cheops-Pyramide (Rekonstruktion nach Lehner und Hawas)

Kaum ist Djedefre mumifiziert, macht sich sein Bruder Chephren ans Werk. Fundament-Analysen an Chephrens Nekropole in Gizeh (Höhe: 143 Meter) erbrachten Hinweise, daß dieser Pharao ursprünglich das Rekordmaß von 300 Königsellen (156 Meter) anvisiert hatte. Obwohl dieses Vorhaben scheitert, nennt der Herrscher seinen Pyramidenbezirk großspurig »Chephren ist der Größte«.

Als letzter Grabmal-Tycoon folgt Mykerinos, ein Sohn des Chephren. Er baut wieder nach dem Motto »klein, aber hart«: Seine 66 Meter hohe Pyramide war ursprünglich mit 15.000 Kubikmeter Rosengranit verkleidet. Eine Armada von Lastschiffen schaffte das Material aus dem über 1000 Kilometer entfernten Assuan heran – eine Extratour, die wiederum beinahe jegliche Vorstellungskraft überfordert.

Die Grabgebirge am Nil, erschaffen von einer Volkswirtschaft, zu der kaum zwei Millionen Nil-Anwohner beitrugen, zeugen von einem metaphysischen Radikalismus, wie ihn die Welt nicht wieder gesehen hat.

Ausgeheckt von den Re-Priestern in Heliopolis, war der Pyramidenbau im Laufe der 4. Dynastie zur zentralen Gemeinschaftsaufgabe eines theokratischen Superstaats geworden, dessen Herrscher sich zunehmend mit der Aura des Unnahbaren umgaben. Pharao Snofru nannte seine Untertanen noch »Kameraden«, Cheops dagegen fühlte sich – wie die Priester es ihm eingeflüstert hatten – bereits als Gott auf Erden.

Das neue Allmächtigkeitsimage der Könige schlug bald in Hybris um, wie eine Inschrift aus der Pyramide des Unas, eines Herrschers der 5. Dynastie, beweist. In dem Hieroglyphentext, dem sogenannten Kannibalenspruch, drohte der zum Himmel aufsteigende König den Göttern mit Tod, Vergewaltigung und Auffressen.

Doch die Re-Priester schufen nicht nur die ideologischen Voraussetzungen für den jedes Menschenmaß übersteigenden Pyramidenbau. Viele Experten gehen davon aus, daß sie auch das technische Know-how lieferten.

Wissenschaft, Astronomie, Ingenieurskunst und Mathematik – all diese Disziplinen, meint der französische Pyramiden-Nestor Jean-Philippe Lauer (*1902) seien in der »anonymen Priesterschule« von Heliopolis gelehrt worden. Auch der britische Experte Kurt Mendelssohn nennt die Sonnenstadt, die nördlich vom heutigen Kairo lag, eine »Studier- und Architektenschule«.

Immer kühnere Totenhäuser entwarfen die Priester des Sonnengottes auf dem Papyrus. Anfangs gab es noch viele praktische Probleme. Dem Pharao Snofru wurden gleich zwei Grabmäler vermurkst. Bei Snofrus erstem Grabbau, der Pyramide von Meidum, kam es wahrscheinlich zu einer Baukatastrophe. Zehntausende von Tonnen Verkleidungsstein krachten aus der Verankerung. Das Gebäude ist heute von einer mächtigen Schutthalde umgeben.

Auch bei Snofrus zweiter Auftragsarbeit, der Knickpyramide von Dahschur, ereignete sich ein Desaster. Auf über 130 Meter wollten die Heliopolis-Architekten diesmal hinaus. Doch der Untergrund, weicher Kalksandstein, sackte weg. Risse zogen sich wie Erdbebenspalten durch das Gemäuer. Um eine Katastrophe zu vermeiden, mußten die Bauherren im oberen Teil der Pyramide den Böschungswinkel verringern.

Der letzte Snofru-Bau, die »Rote Pyramide«, entsprach

vermutlich ebenfalls nicht den Idealvorstellungen der Priesterschaft. Übervorsichtig geworden durch die vorherigen Pleiten, wagten sie diesmal nur einen Böschungswinkel von 43 Grad. Ergebnis: Das Grabmal wirkt träge und erdverhaftet. Dem Design fehlt das himmelwärts Weisende.

Und dennoch: In kaum 40 Jahren hatte Pharao Snofru 3,7 Millionen Kubikmeter Steine verbauen lassen – eine Experimentierphase in gargantueskem Maßstab. Wer hatte die Steine geschleppt? Der Forscher Mendelssohn sah angesichts der bewegten Baumassen sein »Maß des Verstehens« überschritten.

Mittlerweile sind die Archäologen aus dem Staunen weitgehend heraus. Neue Grabungsbefunde geben Einblick in die schier übermenschliche Schaffenskraft des Nil-Volks. Immer deutlicher zeigt sich, daß die Ägypter ihre – zentral vom Königshaus geleiteten – Bauprojekte mit einer ausgefeilten Bürokratie bewältigten. Fast das gesamte Volk, vom Fellachen bis zum geschickten Handwerker, wurde zwangsweise zu den Staatsbauten herangezogen.

Um ihre Monumente ins Werk zu setzen, hatten die Nil-Herrscher ihr Reich mit einer leistungsfähigen Infrastruktur überzogen. Tausende von Barken schafften Bauholz aus dem Libanon oder Getreide aus der Oase Faijum auf dem Wasserweg herbei. Gepflasterte Wege führten in die Wüsten-Steinbrüche.

Parallel zum Nil verlief, wie der Franzose Georges Goyon in den achtziger Jahren ermittelte, eine künstliche Wasserstraße, 220 Kilometer lang. Über Stichkanäle fuhren die Lastschiffe bis an den Rand des Wüstenplateaus heran, auf dem die Grabmäler errichtet sind.

Auch zu Fragen der Arbeitstechnik und der Strukturierung der Bauprojekte liegen zahlreiche neue Erkenntnisse vor: Der tschechische Archäologe Miroslav Verner etwa konnte anhand von Baugraffiti auf den Pyramidensteinen von Abusir, einer Totenstadt der 5. Dynastie, das Organisationsprinzip der Handwerker entschlüsseln. Geschuftet wurde demnach in Teams zu je 200 Mann, die sich so klingende Namen wie »die Tüchtigen« oder »die Kraftvollen« gaben.

Der Münchner Geologe Dietrich Klemm erforschte Dutzende von pharaonischen Steinbrüchen. Ergebnis seiner Werkzeugkunde: Die Ägypter schufen ihre Bauten mit primitivsten Mitteln. Granitblöcke wurden mit »fünf bis acht Kilo schweren spitzkantigen Brocken aus Dolerit abgemehlt«. Beim Polieren kam Quarzsand zum Einsatz. Klemms Einschätzung: »Bösartige Knochenarbeit.«

Einblick in den Alltag der Pyramidenhandwerker vermitteln auch die archäologischen Entdeckungen auf dem Gizeh-Plateau. Mark Lehner von der University of Chicago und sein ägyptischer Kollege Sahi Hawas konnten anhand von Grabungsbefunden den Bauplatz und sein Umfeld plastisch rekonstruieren.

Danach erstreckte sich am Fuß der Cheops-Pyramide ein weitverzweigtes Areal von Wohnstätten und Versorgungsmagazinen, aber auch Schmieden, in denen Kupfermeißel gehärtet wurden, Schreinereien zum Bau von Gerüsten und Transportschlitten, Brennholz-Depots und Backstuben. Diener brauten das Nationalgetränk Bier in großen Tongefäßen.

Der Archäologe Hawas hat die jüngst entdeckten Details zu einem Szenario gebündelt. Seiner Schätzung nach wurde

Geologe Dietrich Klemm mit Gesteins-Werkzeug

das Riesengrab des Cheops von rund 30.000 Menschen errichtet, die, streng gegliedert, am Fuße des Grabmals lebten.

Die Unterstadt, sagt Hawas, »war in zwei Bezirke geteilt«. Im östlich gelegenen »Viertel der Kunsthandwerker« wohnten Verwaltungsbeamte und qualifizierte Facharbeiter wie Skulpturenmacher und Reliefzeichner. Dieser Teil der Pyramidencity wurde von 5000 Menschen bewohnt.

Weiter nach Süden hin schlossen sich die Hütten der einfachen Arbeiter an. Rund 10.000 Menschen – Maurer, Steineschlepper und Hilfsarbeiter – sollen dort gehaust haben. In großen Mengen aufgefundene Schweineknochen lassen vermuten, daß die ungelernten Kräfte sich Borstenviecher in Ställen hielten.

Verstärkung erhielten die ansässigen Werktrupps von einem Pendlerheer, das allmorgendlich aus der Umgebung heranströmte. Hawas schätzt seine Kopfzahl auf »8000 bis 15.000 Personen«.

Gelenkt wurden die Arbeitskolonnen von einem »großen Administrationsgebäude« in der Tempelstadt. Hier saß die Bauleitung, wie Titelinschriften nahelegen. Sie lauten: »Vorsteher der Pyramidenbaustelle«, »technischer Inspektor« oder »Konstruktionschef«.

Das Headquarter, wahrscheinlich fest in Priesterhand, hatte die Arbeitsabläufe streng gegliedert und die Bausoldaten in zahlreiche Spezialtrupps aufgeteilt, darunter Zimmerleute, Maler, Träger oder »Grab-Erbauer«.

Anhand von Baugraffiti auf den Pyramidensteinen von Abusir konnte der Prager Archäologe Verner weitere Details beisteuern: »Die Mannschaften bestanden aus jeweils 200 Personen.« Jede Kolonne war untergliedert in fünf »Phylen«

zu je 40 Mann. »Das gesamte Organisationsprinzip«, sagt Verner, »wurde der Schiffahrt entlehnt.«

Im Morgengrauen brachen die Bausoldaten (Berufskleidung: nackter Oberkörper, Leinenkilt, Sandalen) aus ihren Quartieren auf. »Zuerst liefen sie das Kornhaus und die Bäckerei an«, glaubt Hawas. Dort erhielten die Mannschaften Brot, Zwiebeln und Knoblauch. Reste von Brennöfen und zerschlagenen Backformen wurden in diesem Bezirk freigelegt. Der Oberbäcker von Gizeh hieß vermutlich Nefer-Thieth.

Nach Empfang des Freßpaketes rückten die Männer durch ein großes Tor in den heiligen Baubezirk ein. Die Konstruktionsstätte war durch eine zehn Meter hohe Mauer von der Unterstadt abgeschirmt. Dann begann der Dienst am Sonnengott Re – harte körperliche Fron, die »von Sonnenaufgang bis Sonnenuntergang dauerte« (Stadelmann).

Den Pyramidenstandort hatten die Priester-Ingenieure klug gewählt. Direkt südlich der Cheops-Pyramide lag der Hauptsteinbruch, aus dem die Kernmauerblöcke des Grabmals stammen. Einen großen Felsklotz in der Nähe sparten die Stemmarbeiter aus – er diente später zum Modellieren der Sphinx-Figur, einer Löwengestalt mit dem Antlitz eines Pharaonen, die über den Grabbezirk wacht.

Der weiche Nummulitenkalk des Gizeh-Plateaus brachte den Baumeistern gewisse Vorteile. Er konnte mit Kupfermeißeln herausgehauen werden. Zudem ist der graugelbe Stein von horizontal verlaufenden Tonablagerungen durchsetzt. Diese Bröselschichten erleichterten das Ablösen der Quader.

Mit Keilen wurden die Blöcke (Gewicht: durchschnittlich

2,5 Tonnen) vom Untergrund gelöst und mit langen Hebelstangen auf hölzerne Zugschlitten gedrückt. Als Transportwege dienten gepflasterte Rampen. Diese glatten Steinstraßen wurden mit Nilschlamm bespritzt – eine untadelige Rutschbahn für die Schlittenkufen.

Sodann legten sich die Zugmannschaften ins Geschirr. Vorn auf dem Schlitten saß ein Mann und goß Wasser auf die Rampe, um das Gleitmittel feucht zu halten. Geologe Klemm schätzt, daß in der Ebene etwa acht Mann ausreichten, um einen 2,5 Tonnen schweren Steinklotz vorwärts zu ziehen. »Bis zu acht Grad Steigung«, vermutet der Experte, »waren mit dieser Technik relativ leicht zu bewältigen.«

Die Hauptmasse des Materials wurde – so war es durch die angestrebte geometrische Form vorgegeben – im unteren Teil der Pyramide vermauert. Als das Grabmal eine Höhe von 30 Metern erreicht hatte, waren bereits 52 Prozent der Quader aufgestapelt.

Als Haftmittel für die Blöcke diente Gipsmörtel. Hilfskräfte lotsten die ankommenden Schlitten an die Plätze. Maurer strichen ein dünnes Mörtelbett aus. Dann glitten die Quader, mit Hebelstangen gelenkt, paßgenau in die Verzahnung. Auch in Höhe der Königskammer, 70 Meter über dem Fundament, erstreckte sich die Arbeitsplattform immer noch über eine Fläche von vier Fußballfeldern.

Unten im Versorgungsareal qualmten derweil die Mörtelbrennereien. Unentwegt wurden große Gipsbrocken in offene Feuerstellen geworfen und drei Tage bei 80 Grad geröstet. Auch die Technik der Zementherstellung muß den Pyramidenmaurern bekannt gewesen sein. Geologe Klemm konnte an der Chephren-Pyramide Zementspuren nachweisen: Für die Herstellung des grauen alkalischen Puders muß ein Gemisch aus Kalk, Quarzsand und Tonmineralien auf 1000 Grad erhitzt werden.

Die Maloche in der Hitze muß mörderisch gewesen sein. Die von Hawas entdeckten Friedhöfe nahe der Arbeiterstadt zeugen von den Qualen der Handwerker. Zahlreiche Skelette weisen Gelenkverschleiß und Schäden an der Wirbelsäule auf. Das Durchschnittsalter der Verstorbenen liegt bei 35 Jahren.

Bei sechs Skeletten wurden verletzte Gliedmaßen nachgewiesen: abgeschnittene Beine, amputierte Arme und abgesplitterte Füße. Die Verstümmelungen deuten an, daß das Jonglieren mit tonnenschweren Steinquadern voller Gefahren war.

Anschaulich beschreiben alte Papyri die Malaisen, denen die Bauleute im dritten vorchristlichen Jahrtausend ausgesetzt waren. »Seine Niere ist krank«, heißt es über einen Maurer, »seine Arme sind zuschanden geworden durch Müdigkeit und Steifheit.« Noch drastischer wird der Heizer beschrieben: »Seine Finger sind faulig, sein Geruch ist wie der von Leichen.«

Die Steineschlepper hatten den schwersten Job. Etwa im Minutentakt mußten die Zugmannschaften einen neuen Block auf die jeweils erreichte Bauplattform wuchten – nur bei dieser Geschwindigkeit können die 2,3 Millionen Steinblöcke innerhalb der mutmaßlichen Bauzeit von 20 Jahren (plus 10 Jahre Vermessungsarbeit) aufgeschichtet worden sein.

Mit jedem Meter, den der Pyramidenstumpf in den Himmel wuchs, steigerten sich auch die Beschwerlichkeiten. Täglich erhöhte sich die Anfahrtszeit auf den Nilschlamm-Rampen. Immer mehr Kraft mußten die Mannschaften aufwenden, um die Steinquader nach oben zu schaffen. Im Eilschritt, den Schwung nutzend, gebückt und in der glühenden Sonne schwitzend, zerrten sie die Blöcke die Aufwege empor.

Cheops duldete keine Trödelei. Jeden Tag ließ sich der Chef in einer Sänfte auf der Baustelle umhertragen und trieb seine Mannen an. Die Gizeh-Forscher gehen davon aus, daß der Pharao seine Residenz von der Regierungshauptstadt Memphis direkt an den Fuß der Pyramiden verlegt hatte.

Dort logierte er in einer pompösen Residenz und kontrollierte den Fortgang der Arbeit.

Nach der Inspektion vor Ort konnte sich der Pharao wieder in den schattigen Palast zurückziehen. Seine Residenz muß zahlreiche Annehmlichkeiten geboten haben. Sogenannte Kleiderzwerge banden dem Herrscher das königliche Kopftuch und fächelten ihm Luft zu. Abends fuhr Cheops Ruderboot auf einem nahe gelegenen See.

Nach etwa zwei Jahrzehnten Baulärm muß sich dem Bauherrn Cheops bereits ein imposantes Bild geboten haben. Aber welches? Wie gelangten – das bleibt einstweilen das große Rätsel der Pyramidenforschung – die letzten Blöcke bis auf 146 Meter Höhe?

Die Rampenfrage ist seit bald 200 Jahren der größte Zankapfel unter den Pyramidologen. Dutzende Modelle wurden entwickelt und wieder verworfen. Ein Vorschlag sprach von kilometerlangen Zentraldämmen, die auf das Riesenbauwerk zuliefen – aber sie hätten das Siebenfache der gesamten Pyramidenmasse ausgemacht.

Plausibler wirkt eine Konstruktionsidee des Amerikaners Lehner. Er geht davon aus, daß die schwach geneigte Hauptrampe nach Art einer Wendeltreppe von außen um die Pyramide herumlief. Der Nachteil: Die Vermessung der Eckpunkte wäre dadurch extrem erschwert worden. Nur bei exaktem Einhalten des Böschungswinkels von 52 Grad, das wußten die Grabmal-Architekten, würden die vier Pyramidenschenkel an der Spitze zusammenlaufen. Entsprechend häufig wurden Setzwaagen und Meßstricke angelegt.

Die Mehrheit der Experten neigt einem anderen Modell zu. Sie gehen davon aus, daß die Aufwege im Inneren der Py-

Bierbrauer-Figur aus der 4. Dynastie

ramide angelegt waren. Nicht an einer einzigen der großen Pyramiden konnten bislang Fundamente oder Reste von später wieder abgerissenen Zufahrtswegen aufgespürt werden. Die Rampen, so der Umkehrschluß der Forscher, müssen sich demnach spiralförmig im Bauleib des Grabmals hochgewunden haben.

Völlig ungeklärt ist eine weitere Meisterleistung der Pyramidenbauer: Wie wurden die Deckenriegel der Königskammer auf 70 Meter Höhe gewuchtet? Jede dieser Steinplatten wiegt 40 Tonnen, das Gewicht eines vollbeladenen Lkw.

Archäologe Stadelmann vermutet, daß diese Granitriesen schon bei Baubeginn im Zentrum der Arbeitsplattform deponiert und mit jeder neugemauerten Schicht höhergehebelt wurden – ein Szenario, das einen enormen logistischen Weitblick voraussetzt. Vermauert wurden die Deckenriegel frühestens nach 15 Jahren Bauzeit.

Solch scharfsichtiges Kalkül wäre den Ägyptern allerdings zuzutrauen. Vor allem die Cheops-Pyramide ist ein wahres Glanzstück an Präzision: Die Fundamente weichen nur maximal 16 Millimeter von der horizontalen Ideallinie ab, und das bei einer Kantenlänge von 230 Metern. Die Schenkel der Grundfläche stoßen mit einer Abweichung von höchstens 2 Bogenminuten zu rechten Winkeln zusammen. Mit modernen lasergestützten Meßinstrumenten ließe sich nicht genauer arbeiten.

Solche Leistungen machen deutlich, daß die Pyramidenbauer mit Erfindungskraft, Organisationstalent und brachialer Muskelkraft zu Werke gingen. Die Bautechniken muten steinzeitlich an: Die alten Ägypter beherrschten we-

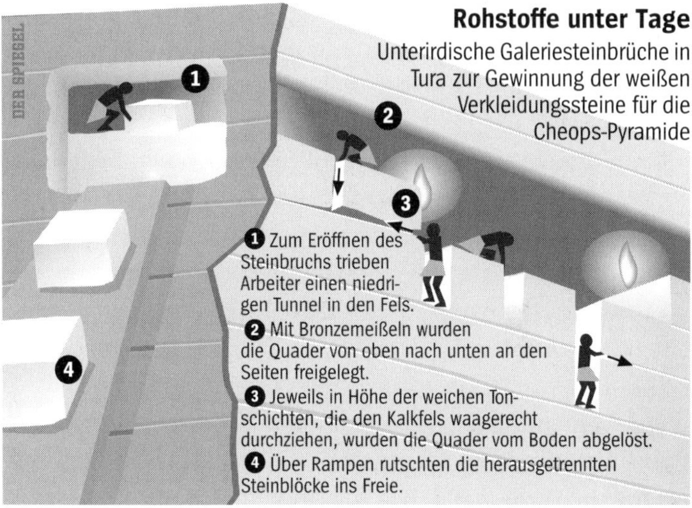

der die Eisen- noch die Bronzemetallurgie. Auch der Flaschenzug soll im Alten Reich unbekannt gewesen sein.

Am schlimmsten erging es wohl den Muskelmännern in den Steinbrüchen von Tura östlich des Nils, in denen die hellweißen Verkleidungssteine der Pyramide gebrochen wurden. Wie Maulwürfe pickelten sich die Steinmetze bis zu 100 Meter tief in den Fels und schälten die Blöcke in Sandwich-Manier heraus.

Noch heute sind die Einstiegslöcher im Tura-Massiv zu sehen. Einige der Schächte führen im Felsinneren bis zu 40 Meter in die Tiefe. Im Qualm der Fackeln, zugenebelt mit Kalkstaub, mußten die Arbeiter die kostbaren weißen Quader herausbrechen. Spezielle Lastkähne transportierten das Material zum anderen Flußufer hinüber.

Wohl um das Jahr 2580 vor Christus stand das Mausoleum

des Cheops vor seiner Vollendung. Ein hellweißes Gebilde, naturfern und von rein geometrischer Form – ein Baukomplex von »grandioser Verrücktheit« (Stadelmann), wie ihn die Menschheit noch nicht gesehen hatte.

Zum erstenmal hatten die Re-Priester eine perfekte Himmelsleiter aufgerichtet. Unter der Zwangsherrschaft des Gottkönigs war eine kolossale Produktivkraft entfacht worden. Blut, Schweiß und Tränen hatte das werktätige Volk vergossen – um selber einen »Zipfel der Ewigkeit« zu erhaschen, wie der Berliner Archäologe Günter Dreyer vermutet.

Stolz hielt der Pharao Richtfest. In einem feierlichen Akt wurde der mit Elektrum, einer Gold-Silber-Legierung, ummantelte Schlußstein aufgesetzt: das sogenannte Pyramidion, funkelndes Symbol des Sonnenkults und Zeichen pharaonischer Allmacht.

Wenig später, so erzählen es die altägyptischen Königslisten, verschied der Pharao. Balsamierungspriester salbten den Toten mit Harz und Bitumen. Dann schob ihn der Trauerzug in einem ausgefeilten Zeremoniell über den steinernen Aufweg in die mit Rosengranit ausgeschlagene Königskammer – Zwischenstation auf dem Weg ins Reich des Sonnengottes Re.

Der Niedergang des Gottesstaates

Das C-14-Labor an der Eidgenössischen Technischen Hochschule von Zürich gilt als weltweit führende Zauberwerkstatt für archäologische Datierungsfragen. An Hunderten von Proben – darunter auch Leichengewebe von der Gletschermumie Ötzi – haben die Experten Altersbestimmungen vorgenommen.

Institutsleiter George Bonani widmet sich wieder einer spannenden Aufgabe. Er soll den Bautermin der Cheops-Pyramide ermitteln. Als Ausgangsmaterial dienen Holzkohlereste, die sich im Mörtel des Grabmals fanden.

Die komplizierte C-14-Messung wird von den Ägyptologen argwöhnisch verfolgt. Schon einmal, in den achtziger Jahren, hatten die Leute aus Zürich Pyramidenmaterial untersucht. Ergebnis der damaligen Analysen: »Die Bauten«, so Bonani, »müssen 400 Jahre älter sein als bislang angenommen.«

Die Archäologen bezweifelten damals die Befunde. Ihre Chronologie basiert auf alten Königslisten sowie überlieferten astronomischen Daten und Mondkalendern. Demnach soll Pharao Cheops seine Kalkstein-Nekropole um 2580 vor Christus fertiggestellt haben.

Doch die abgesteckten Zeitpflöcke der Hieroglyphen-Gelehrten stehen auf »schwankendem Boden«, wie der Datierungsfachmann und emeritierte Ägyptologe Jürgen von Beckerath einräumt. Für das Alte Reich (2700 bis 2130 vor Christus) gibt es keine verläßlichen Fixpunkte.

Bis in die Jungsteinzeit reichen die Wurzeln des altägyptischen Superstaats zurück. Über 170 Gottkönige bestiegen

Festzug eines Pharaos in einer Darstellung des 19. Jahrhunderts

den Pharaonenthron. Erst nach dem Tod der Königin Kleopatra im Jahr 30 vor Christus bricht die dynastische Kette endgültig ab. Das ruhmreiche Land wird römische Kolonie.

Merkwürdig behäbig, wie ein träger Riesensaurier, schreitet die Nil-Kultur dabei durch die Jahrtausende. »Gleichsam eingeschneit« sei das Imperium in Nordafrika am Ende gewesen, so empfand es der Kulturphilosoph Egon Friedell – eine Kultur, deren späte Herrscher als »Wachsfiguren ihrer eigenen Vergangenheit umherwandelten«.

Bereits im antiken Rom galt das Pharaonenland als Bollwerk gegen theologisches Gezweifel und die um sich greifende rationale Entzauberung der Welt. Das Nil-Reich, sagt der Heidelberger Professor Jan Assmann, war ein Staat »vollkommenster Gottesnähe«. Veränderungen spielten sich hier auf einer gänzlich anderen Zeitskala als in allen anderen Weltregionen ab. Jahrzehnte sind nichts, Jahrhunderte wenig in einer Kultur, die sich um ein Vielfaches länger als jede andere weltweit an einem Ort der Erde erhielt.

Drei Phasen nennt die Geschichtswissenschaft, in denen die Ägypter jeweils einen besonderen Zenit der Macht erreichten. Nach dem Alten Reich blühte das Mittlere Reich (2040-1710 vor Christus) auf, nach einer Phase des Niedergangs erstarkte Ägypten dann noch einmal als Neues Reich (1580-1085 vor Christus).

Über die erste und wohl faszinierendste dieser Phasen, die Zeit der Pyramiden, ist am wenigsten bekannt. Erst in jüngster Zeit wird den Wissenschaftlern klar, aus welchem sozialen Nährboden die Felsklötze in der Wüste erwuchsen, und was dann zum Niedergang des Reiches führte.

Die Produktivkraft des Landes beruhte auf Tyrannei, zentraler Lenkung und einer fast artistischen Organisationsstruktur. Das technische Know-how dagegen blieb primitiv. Die Schmiede des Gottesstaates, die ihre Metallöfen mit langen Holzrohren anbliesen, konnten nur Kupfer schmelzen.

Dennoch hat das Reich eine »grandiose Kulisse« (Friedell) aus Hartgestein hinterlassen: Alabasterböden, Granittempel sowie Riesenplastiken aus Diorit oder Quarzit. Diese Gesteine lassen sich mit Kupfermeißeln nicht bearbeiten.

Wie ist das zu erklären? »Metallsägen« und Diamantschleifer haben einige Forscher den Pyramidenbauern zugestehen wollen. Noch 1987 glaubte der französische Archäologe Georges Goyon, die Steinmetzen hätten irgendein »geheimnis-

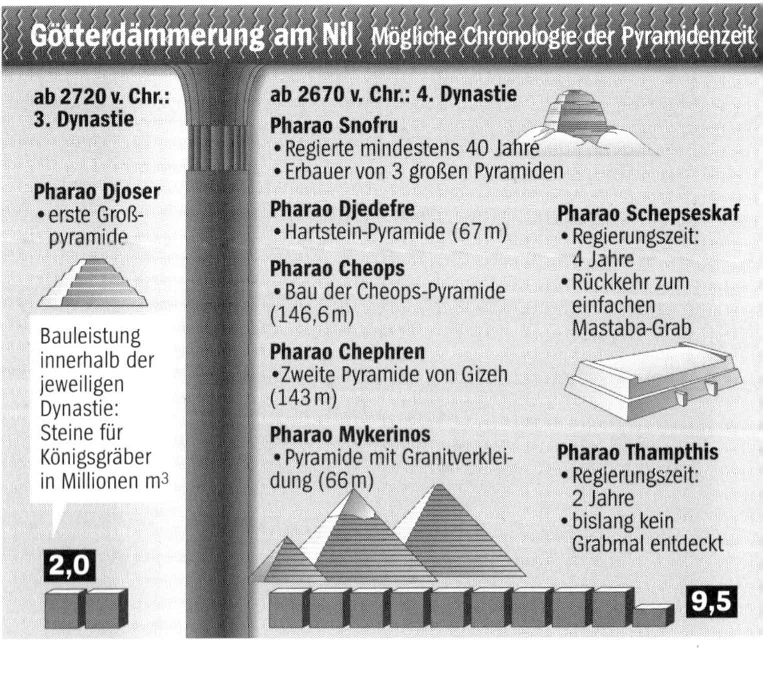

volles Verfahren« besessen, mit dem sie ihre Werkstücke aus dem Fels gewannen.

Alles Unsinn. Die Ägypter, das hat der Münchner Geologe Dietrich Klemm in einer umfassenden Untersuchung bewiesen, waren plumpe Kraftmeier, die sich mit Muskelkraft und urtümlichen Faustkeilen in den Fels wühlten.

Die Arbeitstechniken der Steinmetzen konnte der deutsche Experte vor allem in den Granitbrüchen von Assuan studieren. Dort haben die verwendeten Werkzeuge der Pyramidenbauer verräterische Spuren hinterlassen.

»Als Schlaghammer«, sagt Klemm, »dienten schwere Klumpen aus Dolerit.« Mit diesen scharfkantigen, superhar-

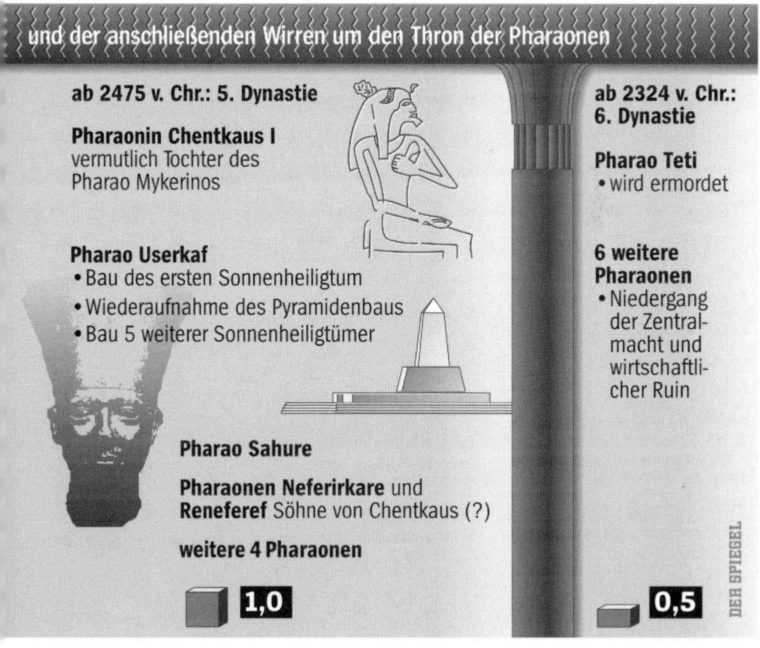

ten Brocken droschen die Handwerker so lange auf den Fels, bis er zersplitterte und abmehlte. Die Schneisen, mit denen die Rohlinge freigelegt wurden, waren über 30 Zentimeter breit.

Noch heute ist das Gelände von Assuan mit Abertausenden von stumpf gewordenen Dolerithämmern übersät. »Erst vor Ort«, sagt Klemm, könne die »ungeheuerliche Arbeitsleistung« der Schlagmannschaften ermessen werden.

Angetrieben wurden die bautechnischen Gewaltakte von Pharaonen, die das Land wie Despoten regierten. »Jeder Handwerker«, erklärt Hartwig Altenmüller, »gehörte dem König.« Der Hamburger Ägyptologe vergleicht das Wirtschaftssystem am Nil mit einer Planwirtschaft nach Art des sowjetischen Staatskommunismus.

Auch die Landwirtschaft war wie im ehemaligen Ostblock organisiert. Riesige Güter, sogenannte Wirtschaftsdomänen, verteilten sich über das Land. In diesen urtümlichen LPGs waren jeweils Tausende von Bauern zentral erfaßt.

Die Ernteerträge wurden über das PerNesut, den zentralen Kornspeicher des Pharao, verteilt. Ob Papyrusplantagen, Gemüsegärtnereien oder Erzminen – alle Betriebe mußten dem Pharao zuarbeiten. »Der Privatbesitz an Produktionsmitteln«, sagt Altenmüller, »war unbekannt.«

Aus diesem Zwangssystem schöpften die frühen Gottkönige und ihre Priester-Ingenieure die Kraft für immer neue bautechnische Wunderwerke. 200 Tonnen wiegen einige Kernmauerblöcke der Pyramide des Chephren, eines Herrschers der 4. Dynastie. In einem Tempel auf dem Gizeh-Plateau stehen 400-Tonnen-Quader aus Rosengranit. Die Memnon-Kolosse von Theben sind 720 Tonnen schwer.

Die gewaltigen Memnon-Kolosse, aufgestellt im Tal der Könige

Schauder ergreift den Betrachter angesichts eines unfertigen Obelisken, der noch heute wie ein gefesselter Riese im Steinbruch von Assuan liegt. Auf drei Seiten ist die 41,75 Meter lange Felsnadel bereits aus dem Fels geschält. Käme er frei, würde der Obelisk 1100 Tonnen wiegen.

Arbeitsbuchten für die Steinmetzen zeigen, daß etwa 130 Arbeiter an dem Rohling herumhämmerten. Doch das Ablösen dieses »gigantischsten monolithischen Werkstücks der menschlichen Geschichte« (der Geologe Josef Röder) mißlang.

Religionsphilosophen haben die brachiale Schaffenskraft aus der Geistesverfassung der Nil-Anwohner zu erklären versucht. Als erstes Volk der Welt, so berichtete schon der griechische Historiker Herodot, hätten die Ägypter die Lehre von der Unsterblichkeit der Seele aufgestellt – eine große Idee, die nach Form und Gestalt drängte.

Doch was ist Unsterblichkeit? So als hätten sie die Ewigkeit in Metern messen wollen, brachen die Steinmetzen immer monströsere Brocken aus der Erdkruste – ein blind taumelnder Sturmlauf, der sich gleichsam im Material verlor. Zur »Selbstentzifferung des Geistes«, meinte der Philosoph Hegel, hätte sich das Pyramidenvolk nie aufschwingen können.

Der fulminante Schöpfungswille zehrte zudem an der Substanz. Die Produktivkraft des Staates erschöpfte sich am Ende der 4. Dynastie jäh. Die Pyramiden von Abusir, Grabstätten der Sonnen-Pharaonen der 5. Dynastie, erreichten nur noch Höhen um 50 Meter.

Am Ende der 6. Dynastie stand das Alte Reich am Rand des wirtschaftlichen Kollapses.

Danach ging der Abstieg in den freien Fall über. Das Reich stürzte ins Chaos der Ersten Zwischenzeit, die um 2100 vor Christus begann. Gewalt, Bürgerkrieg und Anarchie wüteten im Land. Erst Amenemhet I. (1939 bis 1909 vor Christus) gelang es, das zerfallene Imperium wieder zu einen. Der Name dieses Herrschers (»Der die Schöpfung wiederholt«) war Programm.

Erst in jüngster Zeit beginnen die Experten, die Ursachen für den rätselhaften Ruin zu verstehen. Immer deutlicher zeigt sich, daß die heroischen Herrscher aus der Blütezeit des Pyramidenbaus durch mehrere Faktoren in einen zerstörerischen Strudel gerissen wurden:

▷ Jüngst entdeckte Hieroglyphen-Schriften aus der 5. Dynastie zeigen, daß sich der Beamtenapparat im Alten Reich immer mehr aufblähte. Diese politische Kaste gewann an Einfluß und schwächte die Stellung des Königs.

- ▷ Gleichzeitig entwickelte der Totenkult eine gespenstische Eigendynamik und zehrte an der Wirtschaftskraft des Landes. Die Jenseitsopfer verschlangen, wie der Prager Archäologe Miroslav Verner sagt, »unglaubliche materielle Ressourcen«.
- ▷ Zugespitzt wurde die ökonomische Krise durch innenpolitische Wirren. Am Ende der 4. Dynastie starb die männliche Herrscherlinie aus. In dieser Notzeit, so die neuen Erkenntnisse, bestieg eine rätselhafte Frauengestalt den Pharaonenthron.

Am Anfang des Pyramidenzeitalters dagegen strotzte das Reich noch vor Kraft. Pharao Snofru hatte die Voraussetzungen geschaffen für die einzigartige Leistungseruption. Er teilte das Land in 42 Gaue auf und regierte nach dem absolutistischen Motto »Der Staat bin ich«. In jedem Gau entstanden Provinzialverwaltungen, die die Warenströme lenkten.

Geldwirtschaft war im Alten Reich ebenso unbekannt wie der Privatbesitz an Grund und Boden. Jeder Bürger, ob Priester oder Bierbrauer, hatte dem König als Leibeigener zu dienen. Privater Tauschhandel war nur in Nischen möglich, etwa dem sogenannten kleinen Markt am Ufer (Altenmüller).

Anschaulich beschreiben alte Quellen die Qualen der Fronarbeit. »Wenn er den Tag ohne Weben vertut«, heißt es über den Textilarbeiter, »wird er mit 50 Peitschenhieben geschlagen.«

Die Fischer und Papyrus-Schneider in den Flußniederungen, so zeigen es Reliefzeichnungen, wurden von Krankheiten geplagt. Die Feuchtarbeiter sind mit erweiterten Hoden und ausgestülpten Bauchnabeln dargestellt – Symptome der Wurmgeißel Bilharziose.

Auch die neuzeitliche Mumienforschung erbrachte Hinweise auf die harten Lebensbedingungen der Bevölkerung. 30 Prozent der untersuchten balsamierten Wickelkörper weisen sogenannte Harrislinien auf – ein Zeichen von Unterernährung.

Anschaulich hat der große deutsche Archäologe Ludwig Borchardt (1863 bis 1938) den sozialen Bodensatz des Pyramidenbaus beschrieben. Ihm zufolge mußten Sklaven »schweißgebadet, unter den unablässig auf sie niederklatschenden Peitschen entmenschter Aufseher überschwere Steinbrocken in die Höhe schleppen«.

Geölt wurde das System durch einen Verwaltungsapparat, dem der Wesir, gleichsam der Kanzler des Gottkönigs, vorstand. Vor allem während der Nil-Schwemme, wenn die Feldarbeit ruhte, mußten die Bauern (Dienstverpflichtung im Mittleren Reich: 72 Tage) für den Pharao malochen.

Während dieser Jahreszeit zogen die Könige mit Vorliebe ihre Stein-Expeditionen durch. In großen Zügen brachen die Arbeiter zu den Alabaster- und Amethyst-Minen in der Ostwüste auf. Vor allem das Wadi Hammamat, nahe dem Roten Meer, enthält zahlreiche kostbare Gesteinsarten, mit denen die Tyrannen aus Memphis ihre Jenseitspaläste pflasterten.

Gelenkt von hohen Beamten, etwa dem »General« oder dem »Gottessiegler«, zogen die Trupps los, darunter Ärzte und Hirten (für das mitgetriebene Schlachtvieh). Jeder Schlepper erhielt täglich Brot und Bier, etwas Fleisch und ein paar geflochtene Sandalen.

Um dem Volk den kräftezehrenden Aktionismus zu versüßen, verlegten sich die Pharaonen auf Propagandasprüche. »Ich fülle euch die Magazine mit allen Dingen an, Brot, Fleisch, Kuchen für euren Unterhalt«, heißt es in einem Königsdekret, »nicht einer von euch soll in einen Schlaf fallen, in dem er aus Not seufzt.«

Nichts als leere Versprechungen. Ein Papyrus-Protokoll aus späterer Zeit beschreibt lakonisch die Widernisse einer Stein-Mission ins Wadi Hammamat. 9262 Menschen waren mit Zugschlitten tief in die glutheiße Wüste aufgebrochen. 900 der Schlepper erlagen den Strapazen.

Trotz des uneingeschränkten Zugriffs auf die Arbeitskraft ihrer Untertanen dürsteten die Pharaonen der 4. Dynastie nach immer mehr Menschenmaterial. Kaum 1,5 Millionen Personen bevölkerten das Alte Reich – zuwenig, um die gigantischen Grabgebirge aufzurichten.

Also gingen die Gottkönige auf Menschenjagd. Von Pharao Snofru sind mehrere Razzien in Nubien und Libyen belegt. Die von dort mitgebrachten Kriegsgefangenen, so der Berliner Archäologe Günter Dreyer, »wurden wahrscheinlich in den Steinbrüchen eingesetzt«.

Snofrus erfolgreichster Beutezug ist durch eine Felsinschrift in Chor-el-Akiba bezeugt. 20.000 Soldaten, ausgehoben aus nur zwei ägyptischen Gauen, zogen los, um »Unternubien zu zerhacken«. Als Beute fielen dem Heer 17.000 Schwarzafrikaner in die Hände.

Noch in der 5. Dynastie, unter den Sonnen-Pharaonen, halten die Raubzüge an. Pharao Sahure feiert Siege über die Libyer und – nicht näher definierte – »Asiaten«. König Djedkare Asosi überfällt den Sudan und läßt unter anderem einen »Zwerg« nach Memphis verfrachten. Wahrscheinlich handelte es sich um einen Pygmäen.

Solchen Überfällen waren die Anrainer beinahe wehrlos ausgeliefert. Die Nubier im Süden und die Beduinen im Norden lebten noch in primitiven Stammeskulturen. Bei ihren Militäraktionen verwüstete die Supermacht Ägypten ganze Landstriche und »umgab sich so mit einem unbewohnbaren Glacis«, wie der Ägyptologe Beckerath erklärt.

Ungehindert konnten die Soldaten im Ausland auf Klau-Tour gehen. Sie holten Koniferenholz aus dem Libanon und stießen bei ihren Plünderzügen vermutlich bis nach Anatolien und ins sagenhafte Weihrauchland Punt (im heutigen Eritrea) vor.

Die requirierten Luxusrohstoffe landeten am Königshof. Im Jahr 1927 entdeckte der Amerikaner George Reisner die – nicht beraubte – Sargkammer der Cheops-Mutter Hetepheres. Die Grabbeigaben zeugen von dem hoch entwickelten Geschmack der Dame.

Aus goldenen Tassen trank Hetepheres Bier, bequeme Armstühle und ein Himmelbett zählten zu ihrem Mobiliar. Fast dekadent mutet das Kosmetik-Set an: Ihre Beinhärchen entfernte sich die Königin mit kleinen Rasiermessern aus Flintstein. Goldene Schminkdöschen tragen die Aufschrift: »Festival-Öl«, »erstklassiges Zedern-Öl«, »grüne Augenschminke«, »schwarze Augenschminke«.

Eine Atmosphäre aus Luxus, Willkür und religiösem Wahn muß in den Königspalästen geherrscht haben. Der Pharao besaß alles – Diener und Knechte, so weit das Auge reichte. Zugleich aber steckte er in einem religiösen Zwangskorsett. Unentwegt mußte er Thronjubiläen feiern, Tempel für die

Provinz stiften und auf Kultveranstaltungen repräsentative Aufgaben übernehmen.

Wie dämonisch die Aura der Gottkönige aufgeladen waren, davon zeugen Felsinschriften aus dem Umfeld des Sonnen-Pharaos Neferirkare (2475 bis 2465 vor Christus). Sein Wesir – großes Privileg – darf dem Pharao die Füße küssen. Einen Höfling, den Neferirkare versehentlich mit dem Zepter berührt, trifft nur deswegen nicht der Schlag, weil der Chef schnell »Heil« ruft.

Nur wenige Diener durften, weil es ihr Job verlangte, den heiligen Körper des Königs berühren. Und sie profitierten davon. In der 5. Dynastie stiegen Friseure und Nagelpfleger in höchste Beamtenpositionen auf. Die Herrscher hatten sie mit Geschenken überhäuft.

Hoch in der Gunst standen auch die Priester, die nach dem Ableben der Pharaonen für deren Verpflegung im Jenseits zu sorgen hatten. Der Totenkult-Pfaffe Seneb etwa, ein Zwerg, der zugleich Vorsteher aller Kleiderzwerge im Königspalast war, besaß am Ende seines Lebens ein großes Bauerngut mit Ochsen.

Zu den beliebtesten Beschäftigungen der Monarchen scheint die Haarpflege gehört zu haben. Täglich ließen sie sich rasieren. Auf dem Kopf trugen sie Perücken aus Echthaar. Vor feierlichen Riten klebten ihnen die Haarmacher brettartige Spitzbärte ans Kinn.

Die meiste Aufmerksamkeit widmeten die Könige indes ihrem Nachleben. Neben jeder Pyramide wurde ein Opfertempel eingerichtet. Dort versah jene streng gegliederte Kaste von »Gottesdienern« und Wabu (»die Reinen«) ihren Dienst.

Die Kulthandlungen in den Totenopfertempeln liefen nach einem strengen Reglement ab. Morgens und abends betraten die Priester den Opferraum, in dem die Königsstatue stand. Vorsichtig betupften sie die Plastik mit Salböl und hängten ihr frische Kleider um. Sodann wurden den Verstorbenen in ritueller Form Speisen dargebracht. Hernach fegte einer den Raum aus.

Papyrus-Funde aus dem Totentempel des Pharao Renefe-ref (5. Dynastie) haben viele neue Details über diese Totenspeisungen erbracht. Übersetzt wurden die rund 2000 Papyrus-Rollen und Fragmente von der französischen Hieroglyphen-Koryphäe Paule Posener-Krieger.

In den Verwaltungsschriften werden Pensionen für alte Priester notiert. Rentner erhalten täglich Rationen an Brot und Bier. Penibel wurden die Magazine inventarisiert. Sogar einzelne Weihrauchkügelchen sind in den Protokollen vermerkt.

Dutzende von Priestern – von Steuern befreit – hielten sich in den düsteren Gemäuern auf: Speicherverwalter, Friseure, Ärzte, Schreiber, aber auch so exotische Spezialisten wie ein »Flötenspieler der Weißen Krone«.

Zugleich machen die Papyri aus Abusir die komplizierten Mechanismen deutlich, die zur Versorgung der königlichen Opfertempel nötig waren: Getreide, Obst, Gemüse, Milch und Schmalz wurden aus dem Hinterland geliefert. Allein Cheops hatte insgesamt 60 große Nil-LPGs gegründet. Diese Domänen mußten für den kalorischen Nachschub sorgen.

Die in Abusir entdeckten Papyri geben einen Einblick in die enorme Verschwendung, die bei den Jenseitsspeisungen betrieben wurde. Anläßlich eines zehntägigen religiösen Festes zu Ehren des Pharaos Reneferef etwa opferten die Priester 130 Stiere.

An anderer Stelle wird über die Anlieferung von 303 Sklaven und 70 asiatischen Frauen berichtet. Der Sklavennachschub war nötig: Mit jedem Pharao, der verstarb, vergrößerte sich auch das benötigte Kultpersonal.

Am Ende der 6. Dynastie kokelten in Dutzenden von königlichen Totentempeln die Opfergaben. Keine Frage, die Fütterung der Mumien hatte »exorbitante Ausmaße angenommen«, wie der Ägyptologe Altenmüller die neuen Erkenntnisse zusammenfaßt.

Liegt hier der Grund für den Kollaps des Imperiums? Wurden die Ägypter gleichsam unter der Last ihrer Ahnen zerquetscht?

Solche monokausalen Erklärungsmuster reichen nach Ansicht der Forscher nicht aus. Am Ende der 4. Dynastie nimmt die Macht der politischen Kaste stetig zu. Beamte besitzen nun Häuser, eigenes Dienstpersonal und landwirtschaftliche Güter.

Mit dem Lockern der brachialen Planwirtschaft und der Einführung von Privateigentum läßt aber auch die Produktivkraft des Volkes nach. Pharao Schepseskaf, er folgt unmittelbar auf den letzten Pyramidentitanen Mykerinos, läßt sich in einem schlichten Steingrab (Mastaba) begraben. Mit diesem Akt setzt er ein »fast symbolisches Fragezeichen ans Ende einer ruhmreichen Ära« (der Archäologe Verner).

Einige Experten haben den merkwürdigen Schepseskaf zum Sozialrevolutionär und Pyramidenfeind verklärt. Trotzig soll sich dieser König gleichsam als politischer Pragmatiker von dem Grabstättenkult abgewendet haben, um den drohenden ökonomischen Absturz zu verhindern.

Doch die Mehrheit der Archäologen neigt neuerdings einer anderen These zu. »Schepseskaf regierte nur vier Jahre«, sagt Ägyptologe Altenmüller, »der konnte sich einfach keine Pyramide leisten.« Möglicherweise war der Staat bereits zu diesem Zeitpunkt, am Ende der 4. Dynastie, bis aufs Mark ausgeblutet.

Politisches Gerangel, stets ein Indiz wirtschaftlicher Krisenzeiten, gibt es während dieser Epoche im Staat genug. In schneller Folge besteigen im Übergang von der 4. zur 5. Dynastie kraftlose Herrscher den Thron, über deren unklare Herkunft seit Jahrzehnten heftige Debatten geführt werden.

Gleichzeitig betritt eine geheimnisvolle Frauengestalt die politische Bühne in Memphis. Ihr Name: Chentkaus. Ein in Gizeh aufgefundenes Relief zeugt von der enormen Machtstellung dieser Frau. Stolz trägt Chentkaus die Uräus-Krone, ein Stirnband mit aufgerichteter Kobra. Und, noch merkwürdiger, am Unterkiefer der Frau klebt der rituelle Kinnbart, das Symbol königlicher Macht. Dieses Amt konnte nach altägyptischem Verständnis nur ein Mann ausfüllen.

Eine vor kurzem entzifferte Felsinschrift hat dieses Dogma nun schlagartig umgestoßen. »Chentkaus«, sagt der Archäologe Verner, »bekleidete das königliche Amt nicht de jure, aber de facto.«

Wie kam es zu dieser ungewöhnlichen Situation? Chentkaus war vermutlich die Tochter des letzten großen Pyramiden-Tycoons Mykerinos. In ihren Adern floß noch echtes Herrscherblut. Womöglich, so die Spekulation, wurde die Frau gezwungen, einen Re-Priester aus Heliopolis zu heiraten. Es könnte der milchgesichtige Pharao Userkaf gewesen sein.

War die Machtzentrale des Nil-Staats zu einem Marionettentheater verkommen, in dem der Sonnengott-Klerus die Fäden zog? Noch haben die Experten die Thronwirren nicht endgültig aufgeklärt.

Nur eines ist klar: Die Pharaonen der 5. Dynastie bauten in schneller Folge sechs Sonnentempel, gemauerte Riesenobelisken mit so klingenden Namen wie »Festung des Re« oder »Lustort des Re« – und rissen den Staat endgültig in den Abgrund.

In der 5. Dynastie ist die Regierungszentrale von Memphis nur noch ein Schatten einstiger Größe. Immer mehr Wesire und Friseure, Beamte und Kultpriester halten sich am Staatsvermögen schadlos.

Zu Beginn der 6. Dynastie ist das Chaos perfekt. Mord und Verbrechen sind bis zum Königsthron vorgedrungen. Pharao Teti (2318 bis 2300 vor Christus) wird von Intriganten getötet – eine Ungeheuerlichkeit, mit der das Delikt Königsmord in die Welt kommt.

Verzweifelt versucht die Priesterschaft, das Geschehen nach alter Sitte zu kaschieren. Kaum ist der Ermordete mumifiziert, fordern ihn die Balsamierungspriester zur Wiederauferstehung auf: »Oho! Oho! Erhebe dich, Teti/ nimm dir deinen Kopf, sammle deine Knochen/ nimm deine Glieder zusammen/ fege die Erde ab von deinem Fleisch!«

Weit ist Teti nicht gekommen. Als sein Grab in den folgenden Kriegswirren aufgebrochen wurde, lag der Knochenmann noch immer, verpackt im Zedernholzsarg, in seiner Pyramide.

So wie Teti wurden auch alle anderen Königsmumien des Alten Reichs zerfleddert. Denn inzwischen war der »Staat vollkommenster Gottesnähe« (Assmann) zu einem Haufen von Frevlern mutiert. Gierig erbrachen Diebe die Pyramiden und schleppten die unermeßlichen Schätze ab.

Was blieb, sind hieratische Totengebirge, kahl und schmucklos, die wie steinerne Kristalle aus der Wiege der menschlichen Kultur herüberleuchten. Der Geologe Klemm schätzt, daß Wind und Wetter die Pyramiden von Gizeh in »zwei Millionen Jahren gänzlich abgetragen haben werden«.

Spätestens dann wird auch die letzte Hoffnung der Pharaonen gescheitert sein: ihr Versuch, auf Erden die Ewigkeit abzubilden.

III.

Vormarsch der Barbaren

Die Wurzeln der Kultur in Deutschland

von Matthias Schulz

Die Kelten – Fahndung im Druidenreich

Neue Grabungen weisen das Land von Asterix und König Artus als Hochleistungskultur aus. Die Kelten, das antike Kernvolk Europas, produzierten Stahl und bauten Bergwerke. Doch auch kultische Menschenopfer sind belegt.

Mit Helm und Grubenlampe bewehrt, stapft Thomas Stöllner, ins Innere des Dürrnbergs hinab. Vorbei an schwitzendem Gestein und rot schimmernden Kristallwänden beginnt der Abstieg in die Vergangenheit.

Nach 15 Minuten Fußmarsch ist ein baufälliger Quergang erreicht. Unter der Last der Erdmassen sind viele Pfosten eingeknickt. Durch zersplitterte Deckenbretter tropft Wasser. »Locker bleiben«, tröstet der Führer. Die Saline von Hallein ist seit langem außer Betrieb. Dann taucht im Lichtkegel ein Eisengatter auf. »Achtung – Prähistorische Forschungsarbeiten« steht darauf. Dahinter gähnt ein mit Schlagspuren übersäter Schlund, gefüllt mit archaischen Holzrampen. Auf dem Boden liegen 2500 Jahre alte Kienspäne.

Stöllner ist Archäologe. Wenige Kilometer von Salzburg entfernt legt er in 220 Meter Tiefe ein prähistorisches Alpen-Bergwerk frei. Erschaffen wurde es von jenem Volk, dem die Sagenfiguren Tristan und Isolde entstammen, Prinz Eisenherz und der Zauberer Merlin.

Gallier, Galater, Kelten: drei Namen kannte die Antike für das – neben den Germanen – andere große Urvolk Mitteleuropas, dessen Siedlungsgebiet sich im ersten vorchristlichen Jahrtausend von Böhmen bis Irland erstreckte . Turin, Budapest und Paris wurden von Druidenjüngern gegründet.

Antike Quellen weisen die Kelten als Pferdenarren und Kopfjäger aus. Die Männer trugen Schnurrbärte und goldene Halsringe (»Torques«), die Frauen Beinringe, die ihnen bereits im Mädchenalter um die Fesseln geschmiedet wurden.

In den keltischen Heldensagen, im 8. Jahrhundert von irischen Mönchen aufgezeichnet, durchstreifen Gralsritter wie Parzival und Lancelot phantastische Welten. Mit goldenen Sicheln steigen Druiden zur Mistelernte auf knorrige Eichen.

In der Saline von Hallein kommt diese Zauberwelt jetzt Schritt für Schritt wieder zum Vorschein. Holzschaufeln und Eisenpickel, Gamaschen, Wollpullover und Fellhauben haben die Archäologen bislang aus den zugeschlammten Bergwerkstollen geborgen.

Das salzige Sediment – ein Glücksfall für die Forschung – verhindert den organischen Verfall. Wurstzipfel fanden sich im Geröll, Reste von Saubohnen-Eintopf und Unmengen krümeligen Kots (»Koprolithen«). Ein Unterstand beweist, daß zumindest ein Teil der Truppe auch nachts im Bergwerk schlief.

Das keltische Jahrtausend

Jahre v. Chr.

1000 Urnenfelder-Kultur in weiten Teilen Mitteleuropas bis ca. 750 v. Chr. Auftauchen von Kultkegeln, Verbrennung der Toten

Kultkegel

800 Keltischer Salzbergbau in Hallstatt/Österreich
Aufkommen von Wagen und Reitpferden

Bestattung in Kammergräbern, Beigabe von Geschirr und Wagen

Prunkwagen

700
Gründung der griechischen Kolonie Massilia (Marseille)
Siedlungsschübe nach England, Besiedlung Spaniens
Zinnexport von Cornwall ans Mittelmeer
600 Prunkvolle Fürstengräber in Süddeutschland, der Schweiz, Ostfrankreich

Aufkommen der Töpferscheibe
Import von Luxusgütern aus dem Mittelmeerraum
Erwähnung der Kelten durch Hekataios von Milet
500 Entstehung von Handwerkssiedlungen

Umbruch in der keltischen Kultur

Bevölkerungsdruck, Zersplitterung in Kleinststämme
Expansion nach Italien und Böhmen; Plötzlicher
400 Abbruch der Fürstengräberkultur
387
Brennus erobert Rom

Kriegshelm

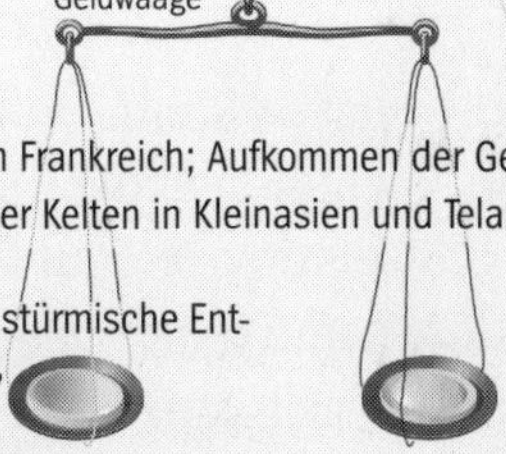
Geldwaage

300
279 Kelten plündern Delphi
250 Bau großer Heiligtümer in Frankreich; Aufkommen der Geldwirtschaft
241–230 Militärische Niederlage der Kelten in Kleinasien und Telamon gegen die Römer
220
200 Beginn des Oppidabaus, stürmische Entwicklung des Handwerks, florierender Handel

120 Südgallien wird römische Provinz; Kimbern und Teutonen verwüsten Gallien
100 „Viereckschanzen“ in Bayern
58 Cäsar erobert Gallien
54 Cäsars Britannien-Feldzug
50 Einfall germanischer Stämme in Süddeutschland und Böhmen, Zerfall der keltischen Kultur
0

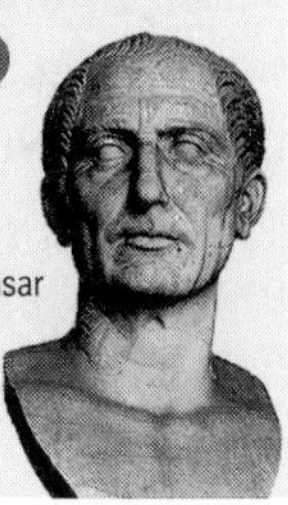
Julius Cäsar

Geschätzte 200 Mann waren in der Saline tätig. Rußgeschwärzt, im Schein von Leuchtspänen, geplagt von Staub und Sauerstoffknappheit, schrammten die Knappen sieben bis zehn Kilo schwere Brocken aus dem Steinsalz. Gefördert wurde das Mineral mit Schlitten, die auf nassen Holzrutschen emporglitten.

So entstanden Katakomben, unförmige Höhlungen, notdürftig abgestützt, die sich ersten Berechnungen zufolge über eine Strecke von mindestens 5500 Metern durch den Berg ziehen. Stöllner: »Ein vorindustrielles Großunternehmen.«

Wird das Expeditionsteam bald auch Tote finden? In den Jahren 1573 und 1616 hatten mittelalterliche Salzhauer beim Vortrieb sogenanntes Heidengebirge angeschlagen und zwei konservierte Kelten freigelegt – »am Fleisch ganz geselcht, gelb und hart wie ein Stockfisch«, wie es in einer alten Chronik heißt.

Doch selbst ohne Salz-Ötzi erweist sich Hallein als Dorado für Archäologen. Ohne Parallele steht das Fundstück »B 480« da: eine Art Fingerling aus Schweinsblasenhaut, dessen offenes Ende eine Kordel ziert. »Als Daumenschutz oder Beutel für Kostbares«, sagt Stöllner, »würde der kleine Sack sofort reißen.« Nun spekulieren die Forscher, ob das Häutchen vielleicht als Präservativ gedient hat.

Kondome im Asterixland? Als wildschweinessende Zaubertränkler haben sich die Kelten ins comiclesende Volksbewußtsein eingegraben: Trinkfeste Metvernichter und fidele Barbaren, die in Blockhütten lebten, gehörnte Helme trugen und sich vom pentatonischen Leierspiel ihrer Barden quälen ließen.

Aber Bergwerke? Grobschlächtig wie »Baumstrünke« sähen die gallischen Götterbilder aus, lästerte der Geschichtsschreiber Diodorus im 1. Jahrhundert vor Christus. Aristoteles sprach ihnen »Denkvermögen und Kunstfertigkeit« ab.

Die Geringschätzung färbte ab auf die neuzeitliche Geschichtsforschung. Als 1853 in La Tène (Schweiz) ein wunderschönes Pferdegeschirr zutage kam, stritten die Fachleute über seine Herkunft. War wirklich denkbar, daß die Pretiosen von keltischen Handwerkern stammten – Leuten mithin, die antiken Nachrichten zufolge zur Mundpflege mit »abgestandenem Urin« gurgelten?

Die Skepsis ist längst passé. Die Hinkelsteinträger sind in der Vorstellung der Altertumsforscher zu Präzisionshandwerkern mutiert, Genies an der Hobelbank und »Meistern der Erzverhüttung«, wie der Wiener Philologe Helmut Birkhan in einem opulenten Werk über die keltische Kultur schreibt*.

Wortmächtig rückt Birkhan ins Blickfeld, was aufgrund einer Fülle neuer archäologischer Indizien immer klarer hervortritt: Die Kelten, vor ihrer Ausbreitung über halb Europa Bewohner des rohstoffreichen Alpenlandes, strotzten vor Goldreichtum. Ihre Armeen bildeten einen gewichtigen Faktor im antiken Machtgefüge. Und ihre Handwerker produzierten Spitzentechnologie:

▷ Als einziges Volk der Antike verstanden es die Kelten, erhitzten Glasfluß nahtlos zu Armringen zu formen.

* Helmut Birkhan: »Kelten – Versuch einer Gesamtdarstellung ihrer Kultur«. Verlag der Österreichischen Akademie der Wissenschaften, Wien; 1268 Seiten.

Keltischer Prunkhelm aus Gold

Grabungsarbeiten im oberbayerischen Manching, einer einstigen Keltenmetropole

▷ Die Kelten förderten Kupfer, Zinkspat, Blei und Quecksilber, teilweise aus tiefen Bergwerken.
▷ Sie hielten die »gesamteuropäische Spitzenstellung im Wagenbau« (so der Kieler Archäologe Alfred Haffner).
▷ Sie entwickelten Eisenschwerter, Metallhelme und Kettenpanzer, die nach Ansicht der Vorgeschichtlerin Susanne Sievers zu den »besten Waffen der Vorzeit« gehörten.
▷ Sie siebten mit einer ausgeklügelten Technik tonnenweise Waschgold aus den Alpenflüssen.

250 Kultstätten sowie 8 große Städte (lateinisch: »oppida«) wurden von Luftbild-Spezialisten in Bayern kartiert. 650

Hektar mißt das Oppidum Kelheim, der Heidengraben in der Schwäbischen Alb sogar 1600 Hektar – soviel wie die Innenstadt Frankfurts. Bei Ingolstadt legt derzeit eine 25köpfige Crew Teile der wohl erstaunlichsten Keltenmetropole frei: Manching. Der kreisrunde Festungswall der Siedlung ist sieben Kilometer lang. Um die geometrische Idealform zu halten, sagt Projektchefin Susanne Sievers, »haben die Erbauer sogar Bäche umgeleitet« – eine architektonische Großtat.

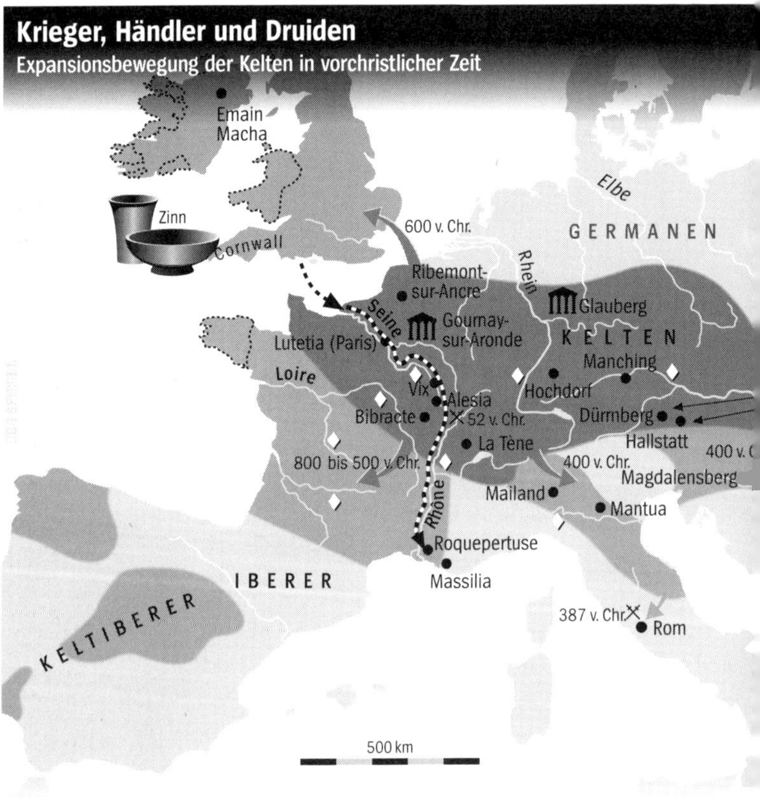

Krieger, Händler und Druiden
Expansionsbewegung der Kelten in vorchristlicher Zeit

»In der Keltenforschung«, sagt der Marburger Vorgeschichtler Otto-Herman Frey, »prasselt es nur so von Überraschungen.« Im irischen Keltenheiligtum Emain Macha wurde ein Affenschädel gefunden. 1983 fiel den Forschern die »Fluchtafel« im südfranzösischen L'Hospitalet-du-Larzac in die Hände. Sie enthält einen bis heute nur unvollständig entzifferten Text, in dem von zwei rivalisierenden Gruppen von Zauberinnen die Rede ist.

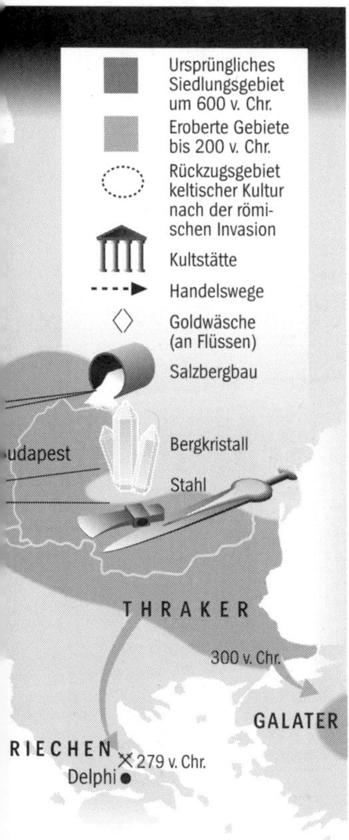

Für Verwirrung hat auch der wohl gewichtigste Keltenfund der letzten Monate gesorgt: der Götze vom Glauberg. 30 Kilometer nordöstlich von Frankfurt hat Fritz-Rudolf Herrmann vom Hessischen Landesamt für Denkmalpflege im letzten Sommer eine 230 Kilogramm schwere Sandsteinfigur geborgen. »Die Kelten gelten als bilderfeindlich«, erzählt der Experte, »die Statue ist ein Unikat.«

Schild, Halsschmuck und Fingerring trägt der eherne Riese. Tief sind die Mundwinkel herabgezogen, das Kinn tritt markant hervor. Auf dem Kopf des Kolosses sitzt eine Art Turban, in Mistelblattform, der heiligen Pflanze der Druiden.

Stellt die Statue einen »sakralen Würdenträger oder Priester-König« dar, wie Herrmann vermutet? Das

Sandstein-Statue vom Glauberg

wäre eine Sensation. Noch nie wurde ein Druidengrab entdeckt. Einblicke in die keltische Kultur und Religion sind den Forschern bislang weitgehend versperrt.

Der Rätselmann vom Glauberg könnte die Wende bringen. Diese Turban-Statue stand einst inmitten eines Totenkomplexes von »landschaftsbeherrschender Monumentalität« (Herrmann). Nachgewiesen wurde bislang eine 350 Meter lange Prozessionsstaße, die, begrenzt von tiefen Gräben, auf einen mächtigen Erdhügel zulief. In diesem Mausoleum ließ sich vor 2500 Jahren ein etwa 30jähriger Mann begraben.

Der Tote liegt nun im Labor. Als Block, originalverpackt in 2,5 Tonnen Erdreich, wurde er mit einem Kran aus der Grabkammer gewuchtet. Vier Restauratoren sind derzeit damit beschäftigt, das Skelett mit Skalpellen und Spachteln freizupräparieren.

Die dabei herausgeschälten Funde haben die Spannung unter den Wissenschaftlern noch gesteigert. Der Bestattete trug – wie der steinerne Götze – Halsschmuck, Schild und Fingerring. Die Statue wurde offenbar nach seinem Ebenbild geschaffen.

»Ein wirklich erstaunliches Phänomen«, faßt die Hamburger Frühgeschichtlerin Elisabeth Noll die jüngsten Ergebnisse der archäologischen Forschung zusammen. »Die Kelten kannten weder Schriftkultur noch eine übergreifende staatliche Organisation. Und doch standen sie an der Schwelle zu einer Hochkultur.«

Zumindest auf technisch-ökonomischem Gebiet hoben sich die keltischen Menschen damit leuchtend von ihren nördlichen Nachbarn, den Germanen, ab, die rechtsrheinisch das sumpfige Nebelland bis hoch nach Skandinavien be-

Druidenlogen-Mitglied Winston Churchill

wohnten. Als rückständige Stammeshorden traten die blonden Recken kurz vor Christi Geburt ins Licht der Geschichte – »Hinterwäldler« (so der Archäologe Albrecht Jockenhövel), die weder Zeitrechnung noch Städtebau kannten.

Die Kelten hatten zu dieser Zeit gerade den Zenit ihrer Leistungskraft erreicht. Südlich der Maingrenze rotierte eine urbane Handels- und Krämerkultur mit großflächigen Städten, in denen sich Töpferscheiben drehten und Geld kursierte – Errungenschaften, die den Germanen fremd blieben.

Und was ist mit der keltischen Mystik? Keinem anderen Volk eilt ein ähnlich düsterer Ruf in Sachen Magie und okkulter Weisheit voraus. Bis heute dienen die keltischen Harfenklänge vielen New-Age-Aposteln als Einstimmung zu esoterischem Geschwafel. »Wyda – Die Kraft der Druiden«, »Das keltische Baumhoroskop«, »Merlyns Lehren – 21 Lektionen in praktischer Druidenmagie« – mit solchen Buchtiteln locken Miraculix-Adepten zivilisationsmüde Aussteiger in den Bann vorzeitlicher Geheimniskrämerei.

Sir Winston Churchill ließ sich 1908 in eine Druidenloge aufnehmen. Heute üben sich die Jünger mit ausgestreckten Armen im tranceartigen keltischen »Kraftgehen«. Raunend erteilen sie einander Ratschläge gegen den vorzeitigen Samenerguß.

Die Österreicherin Signe Anita Fuchs darf sich sogar diplomierte Druidin nennen. Mit Erfolg hat die Historikerin einen Fernkurs des englischen Mistelklubs »Order of Bardes, Ovates und Druids« absolviert. Einen Haufen Gedichte habe sie auswendig lernen müssen, erzählt die Magierin, was ihren Umgang mit den »kosmischen Gegebenheiten« maßgeblich geschärft habe.

Wem die Autorenschaft solcher Geheimlehren gebührt, bleibt stets unklar. Die Autoren der »Wyda-Meditation« zum Beispiel berufen sich auf einen »alten Iren«, dem sie versprechen mußten, »niemals die genaue Quelle unseres Wissens preiszugeben«.

Mit einem ähnlichen Trick hatte bereits 1765 der Schotte James Macpherson die Gelehrtenrepublik reingelegt. Sein – angeblich aus Originalhandschriften geschöpftes – Keltenepos Ossian entfachte unter seinen Lesern sentimentale Euphorie. Der Roman war gefälscht.

Wie sollte er auch echt gewesen sein? Nicht eine Zeile ihrer Religion brachten die Druiden zu Papier. Der Buchstabe entheilige die Welt, meinten sie. Lediglich einige persönliche Aufzeichnungen und Staatsgeschäfte wurden gelegentlich notiert – in griechischer Schrift.

Das strenge Gebot, ihre Lehre von der Wiedergeburt und der »Unzerstörbarkeit des Menschen und des ganzen Universums« (Diodorus) nur mündlich zu tradieren, hatte auch Nachteile. Wer dem Orden beitreten wollte, mußte bis zu 20 Jahre lang Verse büffeln.

Magische Formeln, Kosmogonie, medizinische Kenntnisse, Geschichte, Genealogie und Recht – einen breitgefächerten Wissensschatz hatten die Schüler auswendig zu lernen. Nach bestandener Prüfung erhielt jeder Aspirant eine Tonsur, die – Stichwort: »hohe Stirn« – von Ohr zu Ohr reichte. Erst dann war er fit für den Umgang mit der Magie.

Geopfert wurde in Eichenhainen und auf palisadenbewehrten Kultplätzen. Zugleich aber hielten die Priester politische Macht in Händen. Als Ausdeuter des Rechts konnten sie Kriege stoppen, Stämme bestrafen oder sie mit Bannflüchen belegen.

In der partikularen Keltenwelt – allein die Gallier waren in über 100 Stämme zersplittert – bildete die Druidenkaste eine wichtige identitätsstiftende Klammer. Einmal im Jahr traf sich der hierarchisch gegliederte Klub in Chartres zum Großmeeting.

Mit einer Mischung aus Abscheu und Achtung haben römische Schriftsteller die blutrünstigen Magier und Philosophen beschrieben. Der Oberdruide Diviciacus führte 60 vor Christus mit dem Stoiker Cicero gelehrte Gespräche. War Platons Idee vom Philosophenstaat ausgerechnet im fernen Gallien Wirklichkeit geworden?

Mit solchen Fragen hielt sich Julius Cäsar nicht lange auf. Mit der »Kaltblütigkeit eines Berufsspielers« (so der Buchautor Gerhard Herm) überrannte er im Jahr 58 vor Christus Gallien, Belgien, Holland und Teile der Schweiz, später drang er bis Britannien vor. Das gesamte westliche Barbaricum versank in Feuer und Blut.

800 Städte habe der Feldherr zerschlagen, hielt ihm später Plutarch (46 bis 125 nach Christus) vor. Neue französische Zählungen gehen von knapp zwei Millionen massakrierten oder versklavten Kelten aus.

Schon der Auftakt – die Schlacht gegen die Helvetier bei Bibracte – überschritt auch die damalige Vorstellung von akzeptabler Kriegsführung. Von 360.000 Helvetiern kamen nur 110.000 mit dem Leben davon. »Im römischen Senat gab es Bestrebungen, Cäsar des Völkermords anzuklagen«, behauptet der Archäologe Haffner.

Doch alle Kritik wurde im Goldstaub erstickt. Immer wieder brach der Aggressor Verträge und plünderte die Edelmetallhorte der Kultstätten. »Vor dem Waffengang war Cäsar total verschuldet, danach einer der reichsten Männer Roms«, sagt Haffner.

Die von Cäsar requirierte Beute war so gewaltig, daß der Goldpreis in Rom um ein Viertel sank. Seinen Legionären spendierte der Feldherr »für alle Zeiten doppelten Lohn«. Dem Volk daheim ließ er für über 100 Millionen Sesterzen eine Arena für Gladiatoren-Kämpfe bauen.

Über sechs Jahre dauerte der Abwehrkampf der Kelten, dann lag auch Vercingetorix, Anführer des letzten Gallieraufstands, hilflos im Staub. Mit diesem wohl schändlichsten Waffengang der Antike verschwand die Welt der Torques, der Blockhütten und Tonsuren. Noch bis weit ins erste nachchristliche Jahrhundert wurden die Druiden, Träger des keltischen Gedächtnisses und damit des Widerstands, aus »politischen Motiven« (Haffner) verfolgt.

Danach schrieben die Sieger Geschichte. In den Werken von Polybios oder Diodorus strahlte das Imperium Romanum – auf dem Papier – als Erfinder der Zivilisation. Die Kelten dagegen spielten nunmehr die Rolle tumber Plattköpfe, die, wie Polybios wußte, außer »Krieg und Landbau« nie je etwas auf die Reihe gekriegt hatten.

Seitenweise hat der Philologe Birkhan das Keltenklischee der Römer kolportiert: Der Kelte »ist immer schrecklich«, notorisch grausam, plump und abergläubisch. Sein Weib ist blond: »Die Augen blitzen, der Nacken schwillt, die Zähne knirschen, sie schlenkert die riesigen, weißen, muskulösen Arme.«

So wucherte ein Zerrbild, ein historisches Lügengebäude, das die neuzeitliche Archäologie erst in jüngster Zeit zum

Einsturz gebracht hat. Nicht Hüttenbewohner hatte Cäsar da plattgewalzt, sondern machtpolitische Konkurrenten, von deren technischem Know-how die Römer jahrhundertelang abgekupfert haben.

Beispiel Magdalensberg: In 1000 Meter Höhe erhob sich dieses mächtige Oppidum in den Kärntner Alpen – Hauptort der Noriker und zur Zeit der Kelten gleichsam der Ruhrpott des Altertums.

In Nachbartälern der Siedlung finden sich noch heute mächtige Schlackenhalden, 200 Meter lang, 3 Meter dick – Zeugen antiker Erzverhüttung. Batterien von bauchigen Öfen standen dort, an denen die alpinen Schmiede Stahl produzierten – ein Kunststück, daß ihnen im vorchristlichen Okzident keiner nachmachte.

Experimentelle Nachbauten des Wiener Werkstoffkundlers Harald Straube zeigen, daß die keltischen Brennöfen Temperaturen von bis zu 1400 Grad erzeugten. Durch Steuerung der Hitze und eine geschickte Behandlung des verflüssigten Erzes, so der Experte, konnten die antiken Werkleute gezielt »weiches Eisen oder kohlenstoffhaltigen Stahl« gewinnen.

Straubes Fachpublikation über das hochwertige »Ferrum Noricum« wird durch weitere Entdeckungen gestützt*. Graffiti-Inschriften in unterirdischen Lagerräumen beweisen, daß im Stahl-Oppidum Magdalensberg »viel italisches Großkapital vertreten war«, wie der Ausgräber Gernot Piccottini sagt. In Barrenform kauften die Großhändler den Stahl an und versorgten damit die Waffenschmieden Roms.

* Harald Straube: »Ferrum Noricum und die Stadt auf dem Magdalensberg«. Springer-Verlag, Wien; 188 Seiten.

Doch die ingeniösen Alpen-Metallurgen und Werkzeugbauer hatten auch unappetitliche Seiten. Fast manisch, so scheint es, waren die Kelten auf Menschenopfer fixiert. Kriegsgefangene, aber auch Verbrecher aus den eigenen Reihen, erlitten in den Opferstätten qualvolle Tode.

Immer wieder berichten die Römer – nicht zuletzt, um eigene Untaten zu kaschieren – von Kreuzigungen in den Druidentempeln. Cäsar beschreibt »ungeheuer große Figuren, deren aus Weidenruten geflochtene Glieder« von den Kelten mit Menschen gefüllt und in Brand gesetzt worden seien.

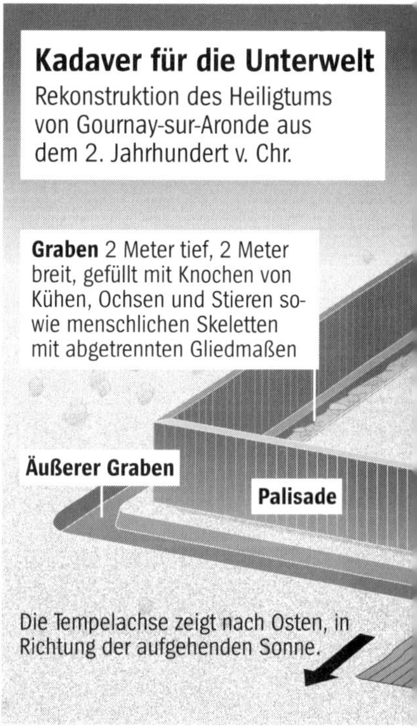

»Als Trinkgefäße dienten Kalotten mit nur mangelhaft ausgekratztem Gehirn«, sagt Birkhan. Dokumentiert ist der Brauch, Geächteten einen Dolch in den Bauch zu stoßen und aus dem heraussprudelnden Blut die Zukunft zu lesen.

Zugleich grassierte die Furcht vor Untoten. Ausgelöst durch die Druidenlehre von der Seelenwanderung, entwickelte sich bei den Kelten eine manische Angst vor Wiedergängern. Um den Rachegeistern den Weg ins Diesseits zu erschweren, wurden Tote häufig postmortal verstümmelt, nach dem Motto: Nur eine zerstückelte Leiche ist eine gute Leiche.

Solche Hackrituale lassen sich detailliert am »Lindow Man« studieren. Am 6. August 1984 kam der Moorzombie bei Lindow Moss in England zutage. Der Korpus hat glattrasierte Wangen, gepflegte Fingernägel und schöne Zähne. Datiert wird er etwa aufs Jahr 300 vor Christus.

Forscher haben die Todesumstände des Mannes exakt analysiert: Erst traf ihn ein Axthieb auf den Kopf. Dann wurde er erwürgt, bis schließlich ein Messer seine Kehle durchschnitt.

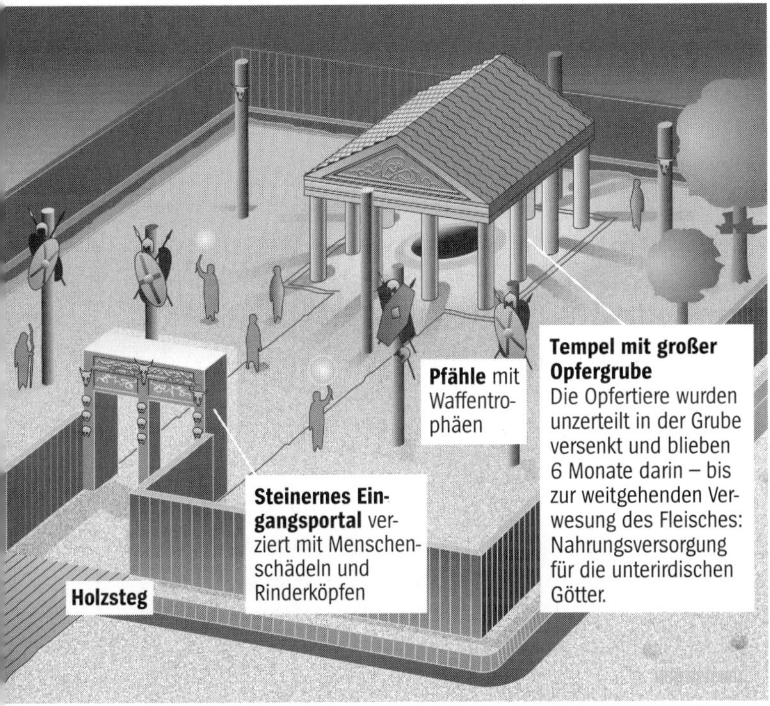

Mistelpollen im Magen der Mumie bezeugen, daß Druiden an dem Ritualmord beteiligt waren.

Auch vor eigenen Verwandten machte der Verstümmelungskult nicht halt. Im Gräberfeld Mont-Troté in den Ardennen fehlt bei 32 von 89 Skeletten der Schädel. Auf dem Dürrnberg liegt ein Bestatteter völlig demontiert im Grab. Sein Kopf steht auf dem Boden, das abgesägte Becken liegt auf der Brust, der linke Arm fehlt. »Das Übernatürliche durchdrang jeden Aspekt des keltischen Lebens«, sagt der britische Archäologe Barry Cunliffe. Allgegenwärtig war die Macht der Tabus (keltisch: geis). Die Ur-Iren aßen kein Kranichfleisch, bei den Britanniern war der Verzehr von Hase, Huhn und Gans verboten. Bestimmte Verrichtungen durften nur mit der linken Hand ausgeführt werden.

Jeder Fluch, jede Verwünschung hatte magische Kraft – und war entsprechend gefürchtet. Beweis: Das »Hexengrab von Dorset«. Um der Dame postmortale Bannflüche gegen die Lebenden zu erschweren, schnitten die Bestatter der Frau nicht nur den Kopf ab, sondern brachen ihr auch den Unterkiefer heraus.

Über rituellen Kannibalismus, vor allem in Irland, geben Sagen und die griechischen Geschichtsschreiber Kunde. Strabo berichtet von dem Brauch, daß »Söhne ihre toten Väter verzehrten«.

Und immer wieder Schädelrituale. Am Osttor von Manching grüßten zwei angenagelte Köpfe den nahenden Gast. Im Heiligtum Gournay grinsten bleckende Schädel aus Steinnischen. Im Kampf gefallenen Feinden wurde der Hals durchtrennt, das Haupt balsamiert und – vergleichbar dem Erinnerungsalbum von Militärveteranen – in Truhen aufbewahrt.

Meisterliche Werkarbeit und archaische Religiosität spannen sich bei den Kelten zu einer verwirrenden Synthese: Kannibalen, die Bergwerke betrieben, Feinmechaniker im Dienst blutigster Mantik – »solch einen Kontrast«, staunt Ritusforscher Haffner, »kennen wir nur von den Mayas und Azteken«.

Wer also waren die Kelten? Schon über den Ursprung des Reitervolks liegen die Experten im Streit. Um 800 vor Christus heben sich die nordalpinen Ackerbauern langsam vom Dunkel der Urnenfelderkultur ab. Die Urnenfelderleute hatten ihre Toten in Aschepötten bestattet. Die Ur-Kelten dagegen beginnen mit der Körperbestattung.

Sonderbar orientalisch muten Schmuck und Kleidung dieser Menschen an. Schnabelschuhe und Pumphosen tragen die Fürsten, dazu Rindenhüte wie vietnamesische Reisbauern. In der Kunst wuchern Tierornamente und groteske Verzierungen. Sie zeigen nach Ansicht des Marburger Vorgeschichtlers Otto-Herman Frey »deutlich persischen Einfluß«.

Noch weitere Anzeichen weisen auf den Osten als Heimat der Ur-Kelten hin: Die druidische Wiedergeburtslehre ähnelt dem Hinduismus. Kopfjäger und begnadete Reiter wiederum waren auch die in der eurasischen Steppe siedelnden Skythen – eine Indizienkette, die den Buchautor Gerhard Herm zu der Frage veranlaßte: »Sind wir alle Russen?«

Die meisten Forscher setzten indes auf die Eigengewächs-These. Eine »eingesessene Bevölkerung« habe sich aus der trostlosen Urnenfelderkultur emporgemendelt und langsam einen schillernden Lebensstil entwickelt.

Das erste große Wetterleuchten der Früh-Kelten setzt um

550 vor Christus ein. Rom ist noch ein Nest, die Griechen beherrschen allenfalls die Theaterszene, die Germanen sind noch im prähistorischen Dunkel, da tauchen im schönen Alpenland die ersten Keltenfürsten auf.

In bis zu 60 Meter messenden, aufgeschütteten Erdhügeln lassen sich die hohen Herren zur letzten Ruhe betten. Ihre Grabkammern sind vollgestopft mit Luxusware: etruskische Kastagnetten, Kanapees aus Bronze, Möbel mit Elfenbeinintarsien. Das größte je gefundene antike Bronzegefäß lag im Grab der Fürstin von Vix. Der Kübel faßte 1100 Liter Wein.

Glanzvoll ging es auch in Hochdorf bei Stuttgart zu. Dort ließ sich 550 vor Christus ein Hüne bestatten, 40 Jahre alt, 1,87 Meter groß. »Ein Titan mit extrem massivem Knochenbau«, sagt Grabungschef Jörg Biel.

Feinsten Zwirn trug der Aristokrat als Leichengewand, rot gefärbt mit der Lausart Kermes vermilio. Neben der Totenliege stand ein Bronzetrog, gefüllt mit 400 Liter Met. Als Fahrzeug ins Jenseits diente eine Art »vorzeitlicher Mercedes« (Biel), ein Prunkwagen aus 1450 Einzelteilen.

Fünf Jahre lang hat Biel gebraucht, um die aufwendige Grabausstattung im Detail nachzubauen. Seit letztem Jahr ist sie im Stuttgarter Museum für Vor- und Frühgeschichte zu bestaunen. Die Garnstärke des Fürstengewandes mißt nur 0,2 Millimeter, so dünn wie ein Pferdehaar. Es wurde in Nepal von Webkünstlern nachgesponnen.

Der Auftrag, den großen Metbottich (Wandstärke: nur 2,5 Millimeter) nachzuformen, erging an die Skoda-Werke in Tschechien. Doch das Blech riß immer wieder ein. Blamables Eingeständnis der Experimentalarchäologen: »Das Geheimnis der antiken Gießer konnte nicht gelöst werden.«

Bei so viel Know-how wurden die Kelten offensichtlich auch für die Griechen als Handelspartner interessant. Über ihre Kolonie Massilia (Marseille), gegründet etwa 600 vor Christus, fuhren griechische Kaufleute die Rhône hinauf und brachten Luxusgüter und Wein.

Doch was tauschte der Barbar zurück? Blonde Sklavinnen, sicherlich, doch offensichtlich auch feinste Stoffe, Getriebenes und Gehobeltes. Biel glaubt: »Hier gab es ein technisches Know-how, das Scharen von griechischen Kaufleuten anzog.«

So bildete sich, dem neuesten Szenario zufolge, ein Netz von keltischen Handwerkszentren, die als »Brennpunkte des Fernhandels« dienten. Jeder dieser frühkeltischen Fürstensitze verfügte über spezielle Könner:

- ▷ Manching gewann Eisenerz und stellte Metallwaren mit »unglaublich filigranen Verzierungen« her (Sievers).
- ▷ In Hochdorf saßen vorzügliche Stellmacher und Textilarbeiter.
- ▷ Der Magdalensberg war nicht nur Stahlproduzent, sondern auch »zentraler Ort für den Export von alpinen Bergkristallen« (Piccottini).

Besonders scharf waren die Händler vom Mittelmeer auf das keltische Zinn. Dieses Metall – es ist nötig zur Bronzeproduktion – findet sich in Form großer Lagerstätten nur in Cornwall. Fast die gesamte mediterrane Welt gierte nach den Importen von der sagenhaften »Zinninsel« (gemeint ist England).

Bereits im 6. Jahrhundert vor Christus segelten wagemutige Phönizier den Atlantik hoch und holten das schimmernde Element aus dem 6000 Kilometer entfernten Britannien. Eines ihrer Schiffe, untergegangen vor der spanischen Küste, hatte irische Schwerter und Speerspitzen an Bord.

Die Griechen schlugen eine andere Route ein. Sie ruderten über Seine und Rhône quer durch gallisches Binnenland. Schmarotzer wie die Lutetier (Hauptort: Paris) nahmen ihnen dabei Wegezölle ab.

Belegt werden die weiträumigen Handelskontakte durch dreispitzige Pfeile, die jüngst am Rhôneufer gefunden wurden. Die Waffen sind typische Skythen-Arbeit: Wahrscheinlich wurden die Eurasier als Schutztruppen an Bord der griechischen Zinnschiffe mitgenommen. Nichts Ungewöhnliches: »Auch in Athen«, so der Kieler Experte Haffner, »waren Skythen als Polizisten eingesetzt.«

Mit dem Gedeale und Getausche kam das Schwungrad frühkapitalistischer Strukturen im nordalpinen Raum mächtig in Gang. Die Stammesfürsten geboten über Heere von Tüftlern und fingerfertigen Bastlern. Degradierte Familien und Sklaven mußten die Drecksarbeit übernehmen.

Plastische Hinweise auf das tägliche Leben der Armen und Entrechteten hat nun das Salzbergwerk von Hallein geliefert. Unter härtesten Bedingungen mußten die Knappen unter Tage schuften. Vier Universitäten – koordiniert vom vorgeschichtlichen Seminar Marburg – werten die Funde aus. Vorläufige Bilanz:

▷ Angerußte Bretter belegen eine »starke Rauchentwicklung« und das Abbrennen »großer offener Feuer« in der Grube. Der so erzeugte Luftsog diente – über einen eigens angelegten Lüftungsschacht – der künstlichen Bewetterung.

▷ Neben dem Qualm durchzog bestialischer Gestank die Mine. Der massenhaft gefundene Kot ist durchseucht mit Spul- und Hakenwürmern, deren Larven durch die warme Luft aufgewirbelt wurden. Ergebnis: Permanenter Durchfall aller Bergleute, die »ihre Mahlzeiten weitgehend unverdaut ausschieden« (Stöllner).

▷ In der Grube arbeiteten überwiegend Kinder. Sechs der insgesamt acht bislang entdeckten Schuhe sind winzig. Das kleinste Fußleder, Größe 28, sagt Stöllner, »paßt einem Sechsjährigen«.

Solch Menschenschinderei könnte soziale Unruhen ausgelöst haben. Seit Jahren spekulieren die Experten über eine Revolution im Druidenreich. Der Archäologe Wolfgang Kimmig vermutet, eine »wie auch immer geartete Bauernbefreiung« habe das Land erfaßt. Fakt ist: Um etwa 400 vor Christus bricht die Tradition der Prunkgräber schlagartig ab. Die keltische Kultur durchlebt eine radikale Umwälzung. Das starke Gefälle zwischen Arm und Reich verschwindet. Die Brandbestattung kommt auf. Als Grabbeigaben dienen nur noch persönlicher Besitz und Gebrauchsgegenstände.

Gleichzeitig erfaßt eine furiose Dynamik das Keltenreich. Die große Phase der Invasionen beginnt. Getrieben von »Fatalismus und Hyperaktivität« (Birkhan) breiten sich die Kelten raumgreifend in Richtung Süden und Südosten aus.

400 vor Christus marschieren die ersten Truppen über die Alpen. Überwältigt von der paradiesischen Schönheit des heutigen Südtirol und der schwellenden Fruchtbarkeit der Poebene machen sich Asterix und Co. im Etruskerland breit.

Der Vormarsch läuft zügig, die Invasoren sind militärisch überlegen. Mit Tausenden von zweirädrigen Kampfwagen stürmen die Kelten über den Brenner. Die Kavallerie reitet jeweils zu zweit auf einem Pferd. Einer hielt die Zügel, der andere warf Speere. Dann sprangen beide ab und griffen zu Stoßlanzen, deren gewellte Spitze das Fleisch des Gegners nach Art eines Dumdumgeschosses aufriß.

Auch den Römern klang das Geplärr der keltischen Kriegstrompeten (»Karnyx«) bald in den Ohren. 387 vor Christus marschierte die Alpenarmada unter ihrem Heerführer Brennus in papageibunten Gewändern in Rom ein. Die Bewohner verschanzten sich hasenfüßig auf dem Kapitol.

Sieben Monate dauerte die Belagerung, dann gaben die Römer auf. 1000 Pfund Gold zockten die Gewinner den Italikern ab. »Wehe den Besiegten!« soll Brennus ausgerufen haben, als er beim Aufwiegen des Edelmetalls auch noch sein Schwert in die Waagschale warf. »Es war die tiefste Demütigung, die Rom in seiner ganzen Geschichte hinnehmen mußte.« (Gerhard Herm)

Die erbeuteten Schätze verschwanden in den keltischen Heiligtümern. Ein Zehntel der Kriegsbeute, so die Faustregel, stand den Göttern zu. Im Laufe der Jahrhunderte stapelten sich so Tonnen von Gold an den Kultorten.

Geopolitisch und militärisch war damit der Höhepunkt keltischer Macht in Europa erreicht. Von Spanien bis Schottland reichte ihr indogermanisches Idiom. Die Kelten lebten in der Toskana und im Belgrader Raum. Einige Kriegstruppen zogen sogar bis nach Kleinasien und gründeten die Stadt Ankara.

In den Kernlanden brach derweil die Bigotterie aus. Alle nordfranzösischen Kultanlagen wurden im 3. vorchristlichen Jahrhundert angelegt oder pompös ausgebaut. Im bayerisch-böhmischen Raum entstanden in kurzer Zeit über 300 neue Opferstätten.

Alle Rekorde bricht der Nemeton von Ribemont, der wegen seiner riesigen Kultzone (150 mal 180 Meter) als »Bundeskultplatz« eingestuft wird. Die Grabungen dort laufen auf Hochtouren. Sie brachten unter anderem ein »Leichenfeld« zutage. Auf 60 Quadratmetern liegen mehr als 10.000 menschliche Knochen.

Der Ausgräber Jean-Louis Brunaux deutet das schauerliche Knochen-Golgatha als die Überreste einer »geköpften Armee« von mindestens 100 Personen, die einst, arrangiert wie Schaufensterpuppen, in voller Rüstung auf einem Podest standen. Als die Tribüne morsch wurde, fielen die Mumien herab. Brunaux' Analyse ergab, »daß die Knochen zum Zeitpunkt des Herabfallens noch mit Haut und Sehnen umgeben waren«.

Gestank muß auch von den drei Ossuarien ausgegangen sein. Der Begriff steht für absonderliche Mahnmale: Die Priester von Ribemont hatten menschliche »Oberschenkelknochen, Schienbeine, Wadenbeine, Speichen und Ellen« (Brunaux) wie Mikadostäbe zu Türmen aufgescheitert.

Die Druiden in Bayern und Böhmen standen ihren gallischen Kollegen im Vollzug des Entsetzlichen kaum nach. Sie opferten in Viereckschanzen, rechteckigen Wallanlagen, die der Archäologe Rudolf Reiser zu den »gespenstischsten Geschichtsdenkmälern« zählt.

Bis heute wird über die Funktion der fußballfeldgroßen Gevierte gestritten. Fanden hier kultische Umritte und Prozessionen statt? Eindeutig belegt sind Opferschächte, in

Rituelle Druidenfeier, nachempfunden vor der vorzeitlichen Kulisse von Stonehenge

welche Menschen, an Bäume gefesselt, versenkt wurden. Der Kultschacht auf dem Heiligenberg bei Heidelberg reicht 78 Meter tief ins Erdreich.

Und dennoch: Trotz Geisterglauben und Okkultismus prosperierte das Land. Im 2. und 1. Jahrhundert setzte nördlich der Alpen der große Oppida-Bau ein. Befestigte Städte entstanden, mit bis zu 10.000 Einwohnern. Es gab Münzen, dem griechischen Geld nachgeprägt. Der Reichtum verteilte sich auf viele.

An der Spitze der Stämme standen nun jährlich gewählte Adlige, die Vergobreten. Der britische Forscher Cunliffe wertet das Auftreten der oligarchischen Herrschaft als »wichtigen Schritt auf dem Weg zur Zivilisation«.

Hinter den Mauern der Oppida herrschte fideles Treiben. Akrobaten und Kraftmeier sorgten für Spaß. Hantelkämpfer maßen ihre Kräfte. Schlank sein war oberstes Gebot. Wer die Standardlänge des keltischen Gürtels überschritt, wurde abgestraft.

Und immer wieder beschreiben römische Historiker die Putzsucht der Kelten: Die Frauen rasieren ihre Augenbrauen, sie behängen sich mit Gürtelschnallen, Stirnbändern und Bernsteinkolliers. Massive Arm- und Halsringe aus Gold klötern bei jeder Bewegung.

Mit Kalkwasser als Haarfestiger baut sich die Damenwelt pittoreske Turmfrisuren. Die Mode, orientalisch bunt, wechselt schnell. Zeitweilig sind Glockenröcke en vogue, die an die »Krinolinenröcke des Rokoko erinnern« (Birkhan).

Auch die Sitten sind bizarr. Gastgeberprostitution ist in Cornwall obligat. Wer den Hausherrn besucht, darf auch dessen Frau beiwohnen. Die in Wales lebenden Keltinnen wiederum hatten das Recht, den Mann bei dreimaligem Seitensprung, aber auch bei Impotenz oder Mundgeruch zu verlassen. Der in die Ehe eingebrachte Besitz fiel an die Frau zurück.

Im Kriegerstand blühte derweil die Homoerotik. Junge Soldaten, gab Strabon irritiert an, stellten »schamlos großzügig ihren knabenhaften Charme« zur Schau.

Die Ethnologen werten solche sexuellen Gepflogenheiten als Folge der extremen Männerbündelei in der keltischen Kriegerkaste. Fechten, Reiten und Schlagen mußten die jungen Militäraristokraten lernen – und das alles nackt. So gedieh ein schwules Ambiente, in dem der »Mann dem Manne zum Objekt seiner Zuneigung wurde« (Herm).

Jeder Kleinfürst scharte Dutzende oder Hunderte von rauflustigen Männern um sich, die von Steuern und harter Fron befreit wurden. Im irischen Sagenkreis tauchen diese

Ritterschwadrone als großmäulige Lümmel auf. Trafen mehrere Gefolgschaften, etwa bei Stammesversammlungen, aufeinander, kam es nicht selten zu wilden Schlägereien.

Auslöser der Aggressionen war häufig die Frage, welchem der Anführer das erste und fetteste Bratenstück gebühre – für die Kelten eine Ehrensache. In vielen irischen Sagen wird der Kampf um den »Heldenbissen« wortgewaltig ausgetragen – die Comicfigur Obelix giert gleich nach dem ganzen Wildschwein.

Auch in der irischen Sage vom »Schwein des Mac Dathó« war schon Prahlhans Küchenmeister: »Willkommen Conall, Herz von Stein, Zornglut des Luchses, Eisesglanz, rote Zornesstärke in der Brust eines Helden! Voll von Wunden, siegreich in der Schlacht«, hebt dort ein Freßkontrahent an, »nun geh weg vom Schwein!«

So zerstritten wie im Kleinen, so uneins waren die Kelten auch im Großen. Zur Nation fand das Heldenvolk nie zusammen. Über eine Fläche von über einer Million Quadratkilometern erstreckte sich das Keltenland, geeint durch gemeinsame Sprache, Religion, Mode und weitverzeigte Handelswege. Doch die Stämme (durchschnittliche Kopfzahl: 80.000 Menschen) blieben zersplittert.

Das sollte sich rächen. Bereits 120 vor Christus kamen die ersten Vorboten des Unheils in Gestalt der Kimbern und Teutonen. Plündernd und sengend hatten diese Germanenhorden die Mainlinie überquert. Hastig errichteten die Kelten Erdwälle, Schutzplätze für Mensch und Vieh.

Doch der Ansturm aus dem Norden wurde heftiger. Immer neue Horden griesgrämiger Siegfriede fluteten heran und hielten sich am keltischen Reichtum schadlos. Die Kapillaren des alpinen Handelsnetzes wurden gestört. Als dann noch Julius Cäsar von Süden heranrückte, war das Schicksal der Kelten besiegelt. Schuld an dieser »Tragödie«, so sah es der Historiker Theodor Mommsen, war die Ohnmacht des »keltischen Partikularismus«.

Im Zangengriff römischer Disziplin und germanischer Barbarei ging die Kultur der Stahlkocher und Bergwerker unter. Auf den Gebieten des heutigen Spaniens, Englands und Frankreichs verloren die Kelten unter dem Einfluß Roms ihre Identität.

In Böhmen und Süddeutschland mußten sie unter dem Ansturm der Germanen das Feld räumen. Die Oppida verödeten, die Töpferscheiben standen still. Nur an den äußersten Rändern Europas, dort wo der römische Assimilierungszwang nicht griff, konnten sich die Druidenanhänger ihre letzten Schlupfwinkel schaffen.

Kymrisch, Bretonisch und Gälisch sind keltische Restsprachen, in denen der Klagegesang ihrer mythischen Helden überdauerte – für lange Zeit einziges Zeugnis der keltischen Welt.

Nun endlich tauchen auch die zivilisatorischen Hinterlassenschaften und technischen Wunderwerke dieses europäischen Großvolks wieder auf: knochengefüllte Druidenheiligtümer, Stahlstandorte und Salzbergwerke, deren Ausmaß bislang niemand kennt.

Noch hat das neue Keltenpanorama viele weiße Flecken. Völlig unberührt liegt das Oppidum Heidengraben nahe Stuttgart noch unterm Staub. Hunderte von gallischen Kultplätzen warten auf ihre archäologische Erschließung.

Auch die Dörfer und Siedlungen der Bauern müssen erst

in Zukunft erforscht werden. »Es gibt noch viel zu entdecken«, sagt der hessische Grabungsspezialist Fritz-Rudolf Herrmann und zeigt stolz auf die mannshohe Fürstenstatue vom Glauberg, deren Rückseite ein Restaurator gerade von letzten Erdkrümeln befreit.

»Noch vor wenigen Jahren wußten wir gar nicht, daß die Kelten in Hessen überhaupt siedelten«, sinniert der Forscher. »Und ausgerechnet so hoch im Norden haben wir nun dieses eindrucksvolle Monument gefunden.«

Die Germanen – Störenfriede im Nebelland

Sie zerstückelten ihre Feinde, begingen blutige Ritualmorde, orakelten aus menschlichen Eingeweiden und kannten weder Töpferscheibe noch Schriftverkehr. Neue archäologische Funde rücken den Aufstieg der Germanen vor 2000 Jahren in ein düsteres Licht. Waren Roms Gegner ein nicht zivilisationsfähiges Volk?

Geht den Kelten gemeinhin der Ruf des Druiden- und Mystikervolks voraus, so verbindet sich mit dem Begriff »Germane« meist der Beigeschmack des Recken und Kriegers. Als Prototyp des einen Volkes gilt entweder Asterix oder der Zauberer Merlin, als bekanntester Vertreter des anderen wird meist Siegfried genannt.

Paul Richter als Siegfried in Fritz Langs Nibelungen-Film

Auch die Archäologen betrachten Kelten und Germanen als Nachbarn, wie sie kaum verschiedener sein könnten. Doch die Unterschiede sind anders, als es der Volksmund wahrhaben will.

Wie ein Leichenbeschauer schreitet Museumsdirektor Christian Fischer durch den Mumiensaal. Von Neonlicht bestrahlt, liegen 25 braune, vertrocknete Körper in Glasvitrinen.

»Fast alles Ritualopfer«, sagt der Experte und weist auf den Tollundmann. Das Bio-Relikt, rund 2000 Jahre alt, nackt, mit Lederkappe, trägt einen Strick um den Hals: »Seine Henkersmahlzeit bestand aus einer mit Kräutern gewürzten Mehlsuppe«, erzählt Fischer, »dann wurde er erdrosselt.«

Die exquisite Totenschau, die im dänischen Silkeborg zu sehen war, bezeugt einen grausamen Ritus germanischer Priester: »Feiglinge, Kriegsscheue und Schandkerle« wurden, wie schon der römische Historiker Tacitus (um 55 bis 120 nach Christus) berichtete, im Morast versenkt.

Solch brachiale Menschenopferriten zelebrierten die Nordeuropäer offensichtlich länger als bislang vermutet. Zahlreiche Moorleichen aus Dänemark und den Niederlanden wurden in den letzten beiden Jahren mit Hilfe der C-14-Methode neu datiert. Ergebnis: Die Mehrheit der konservierten Leiber stammt nicht aus vorchristlicher Zeit, sondern aus dem 2. und 3. Jahrhundert nach Christus.

Auch für einige Funde aus deutschen Sümpfen liegen jetzt neue Altersbestimmungen vor. Haut- und Haarproben von 23 Moorleichen aus Niedersachsen und Schleswig-Holstein hat Wijnand van der Sanden am Groninger »Centrum voor Isotopen« untersucht.

Zu den im Massenspektrometer analysierten Toten gehört

der »Rote Franz«. Der Tote (Fundort: Emsland) hat einen wallenden Rotschopf. Dem C-14-Test zufolge starb der Urniedersachse erst um 300 nach Christus – in einer Zeit also, in der die Germanen bereits seit Generationen in Kontakt mit der Hochkultur Roms standen.

Das Umdatieren der Moormumien fügt sich nach Meinung der Experten nahtlos in ein verändertes Bild der deutschen Vor- und Frühgeschichte: Blutige Ritualmorde und archaische Stammesstrukturen, rückständige Technik und wiederkehrende Hungersnöte, verursacht durch primitiven Ackerbau – im Lichte zahlreicher neuer Ausgrabungen gewinnen die Urahnen der Deutschen ein immer primitiveres Antlitz.

Solche Befunde stehen in scharfem Kontrast zum hehren Germanen-Mythos, wie er in völkisch gesinnten Zeiten überliefert wurde. Als Lichtgestalten und edle Recken haben sich die Germanen ins Seelenleben der Deutschen eingegraben. Edda und Nibelungenlied, Siegfried und Hermann der Cherusker – das war der Stoff für teutonischen Glanz und Gloria.

Kupferstecher und Maler setzten die Fama schwülstig ins Bild. Auf unzähligen Kolossalgemälden triumphierten dralle blonde Helmträger über welsche Niedertracht. Im Nibelungen-Film von Fritz Lang (1922) läuft Siegfried barbrüstig im Lendenschurz aus Edelpelz umher, teutonischer Tiefsinn siedelt zwischen Thing-Stätten aus Pappmaché.

Auf antike Zeugnisse hat sich der patriotische Nebel nie stützen können. »Starrsinnig« nannte Geschichtsschreiber Tacitus die Germanen, ein metsaufendes Volk, das »dem Trunk und dem Würfelspiel« verfallen sei. Der Philosoph

Rekonstruktion eines germanischen Hauses im dänischen Freilichtmuseum Lejre

Seneca (4 bis 55 nach Christus) zeigte sich angewidert vom »wilden, unformbaren Geist« der blauäugigen Barbaren.

Und diesmal scheint es, als handle es sich nicht nur um mutwillig verfälschte Darstellungen, um lästige Feinde in ein schlechtes Licht zu rücken. Rund 40 germanische Stämme lebten während der Zeitenwende unter den nebligen Himmeln Nordeuropas. Ihre Hütten, fensterlos und bis zu 50 Meter lang, waren mit Schilf oder Binsen gedeckt. Zwischen den Flechtwänden klebten Lehm und Pferdemist. Auf höchstens eine bis drei Millionen wird die Kopfzahl der Germanen um Christi Geburt veranschlagt.

Zur selben Zeit war die viel weiter entwickelte Hochkultur der Kelten bereits untergegangen, oder sie war vom Imperium Roms vereinnahmt worden. In Rom selbst wandelten rund eine Million Menschen zwischen marmornen Säulen und farbenprächtigen Mosaiken umher. 300.000 Legionäre von Schottland bis Armenien standen für das Imperium unter Waffen – ein Großreich, verbunden durch gepflasterte Straßen und eine strenge Militärbürokratie.

Nahezu 500 Jahre lang lebten diese ungleichen Kontrahenten als Nachbarn – und blieben sich merkwürdig fremd. Ausweislich aller antiken Quellen hielten die Römer nur wenige germanische Kulturgüter für importfähig: das Blondhaar germanischer Frauen (zur Perückenproduktion), Bernstein, Seife, Rapunzeln und Haarpomade aus Butter.

Wie groß das Zivilisationsgefälle zwischen Römern und Germanen tatsächlich war, wird erst in jüngster Zeit durch eine Fülle archäologischer Erkenntnisse in seinem ganzen Ausmaß deutlich. Drei Hauptbefunde kristallisieren sich heraus:

- ▷ Untersuchungen des Mecklenburger Archäo-Metallurgen Hauke Jöns zeigen, daß die Nordstämme »erst im 2. vorchristlichen Jahrhundert Eisen verhüttet« haben – 400 Jahre später als bislang angenommen.
- ▷ Pollenanalysen weisen darauf hin, daß die Völkerwanderung der Germanen nicht zuletzt durch Hungersnöte ausgelöst wurde.
- ▷ Runenfunde lassen vermuten, daß dieses Schriftsystem von germanischen Söldnern entwickelt wurde, als sie mit lateinischen oder etruskischen Buchstaben in Kontakt ka-

men. Das ungelenke Runen-Alphabet (»Futhark«) diente nie als Kommunikationsschrift.

Überraschende Hinweise auf die rückständige Lebensweise der Nordländer lieferte ein archäologisches Großprojekt, das derzeit an Rhein und Donau läuft. Gesucht wird nach den Spuren eines antiken Kulturaustausches.

»Wie haben die Germanen auf den römischen Wohlstand, auf die wunderbaren Errungenschaften in ihrer unmittelbaren Nähe reagiert?« fragt Projektleiter Siegmar von Schnurbein, Chef der Römisch-Germanischen Kommission in Frankfurt; 23 Grabungsteams sollen das Rätsel lösen.

Bislang waren die Wissenschaftler davon ausgegangen, daß an den Nahtstellen zwischen Nord und Süd reger Handel geherrscht habe und daß die Barbaren römisches Know-how, etwa den Weinbau, übernommen hätten. Nach neueren Forschungen war das nicht der Fall.

Südlich des »Limes« genannten, 550 Kilometer langen römischen Grenzwalls gegen die Germanen legten die Archäologen – von römischen Gutsherren geführte – Plantagenhöfe frei. In den Brunnen dieser Landgüter konnte die Botanikerin Angela Kreuz Samen von 15 Obstsorten isolieren, dazu von »16 verschiedenen Gewürz- und Heilkräutern« – nach Ansicht von Kreuz ein Beweis für die »exorbitante Gartenkultur der Römer«.

Nördlich der Grenzbauten dagegen, im Barbarenland, bietet sich ein Bild des Jammers. Jäh endet das Fruchtparadies. Auf karger Scholle baute der Urhesse eine magere Getreidesorte (»Emmer«) und kümmerliche Hirse an. »In den germanischen Siedlungen haben wir bislang weder Obst-

noch Gemüsesamen gefunden«, sagt Kreuz. Nicht einmal der ertragreiche Dinkel, den die Römer kultivierten, sei von den archaischen Nachbarn übernommen worden.

Und dennoch: Es war dieses rückständige Volk – und nicht das der handwerklich fortgeschrittenen Kelten –, das der Weltmacht Rom, wie der römische Historiker Orosius schrieb, den »größten und furchtbarsten Krieg« aufzwang. 30 Jahre lang, von 15 vor bis 16 nach Christus, tobte auf deutschem Boden ein militärischer Schlagabtausch, der erst jetzt detailliert ins Blickfeld der Archäologen gerät.

Auslöser der Konfrontation war Kaiser Augustus, der »Erhabene« (63 vor bis 14 nach Christus). Kurz vor der Zeitenwende entwarf der Regent den ehrgeizigen Plan, die Grenze des römischen Imperiums bis zur Elbe vorzuschieben. Zahlreiche Kriege und Blutbäder waren die Folge.

Die berühmte »Schlacht im Teutoburger Wald« zeugt von der Brutalität der Auseinandersetzung. Unter Leitung des Cheruskerfürsten Arminius war es den Germanen 9 nach Christus gelungen, rund 18.000 Elite-Legionäre totzuschlagen. Um nicht unter dem Opfermesser germanischer Priester zu sterben, stürzte sich der römische Statthalter Varus ins eigene Schwert. Der Versuch, den Feldherrn noch schnell zu bestatten, mißlang. Chatten, Brukterer und Cherusker stürmten den Scheiterhaufen und schlugen der halbverkohlten Leiche den Kopf ab.

Der Höhepunkt des großen Hauens und Stechens ereignete sich sieben Jahre nach dem Untergang der Varus-Armeen: Ein letztes Mal schickte sich der antike Großstaat an, den alles entscheidenden Offensivschlag gegen Barbaria zu führen.

Acht Legionen, knapp 50.000 Schwerstbewaffnete, standen dem Feldherrn Germanicus für den Überfall zu Gebote, rund ein Drittel der römischen Heeresmacht – eine ungeheure Truppenkonzentration.

Mit Kettenpanzer (lorica), Schild (scutum), Wurfspeer (pilum) und den Nahkampfwaffen Schwert (gladius) und Dolch (pugio) gerüstet, sammelten sich die Legionäre im Sommer des Jahres 16 nach Christus auf der »Insel der Bataver« (zwischen den Mündungsarmen von Maas und Rhein).

Auf 1000 Kriegsschiffen drangen die Soldaten in die Mündung der Ems vor. Dort – tief im Feindesland – ging das Heer an den morastigen Ufern an Land. In »Idistaviso«, einem Ort, den die Althistoriker nördlich der Porta Westfalica vermuten, kam es zur offenen Feldschlacht. Das Barbarenheer mußte eine schwere Niederlage einstecken und floh.

Germanicus setzte nach. Wie ein Lindwurm kroch der römische Legionstroß durch die Wälder Hessens und Niedersachsens, ohne den Feind jedoch erneut stellen zu können. Der verlegte sich nun auf Guerilla-Attacken und nutzte geschickt den Schutz der Wälder.

Im Herbst zog sich der Feldherr unter schweren Verlusten aus dem Land mit den »widrigen Sümpfen« (Tacitus) zurück. Siege hatte er erzielt, aber keinen Sieg. Trotz des ungeheuren Aufwands an Menschen und Material war es wiederum nicht gelungen, den widerborstigen Geist der Germanen militärisch zu zähmen.

Historiker deuten die erfolglose Aktion des Germanicus als »Wendepunkt der römischen Germanenpolitik«. Für immer gaben die Cäsaren ihr Vorhaben auf, das wilde Nordland zu unterwerfen und als tributfähige Provinz heranzuziehen.

Eine Entscheidung von welthistorischer Bedeutung: Nie wurde Nordeuropa romanisiert, nie wurden jene germanischen Stammesfürsten bezwungen, die um Christi Geburt zwischen Hessen, Jütland und Pommern über ihre Kleinvölker herrschten.

Frei blieben die Sueben (»Schwaben«) mit ihren seitlich gebundenen Haarknoten, unbesiegt die am Elbufer wohnenden Langobarden (»Langbärte«), die antiken Quellen zufolge mit gewickelten »Beinlingen« herumliefen.

Solch unbeugsames Heroentum diente für Jahrhunderte als Folie deutschen Überlegenheitsgefühls. »Urväter« wurden die

Germanen genannt. Der Philosoph Fichte verlieh ihnen Anfang des 19. Jahrhunderts die Attribute Freiheitsliebe, Treue, edle Einfalt. Bei Richard Wagner können die Hünen, getrieben von dämonischer Seelenqual, sogar singen.

Arthur Graf Gobineau (1816 bis 1882) brachte dann die biologische Karte ins Spiel. In seiner Rassenlehre rangierte der Germane als Prototyp des Ariers – ein biologischer Supermann, blond, blauäugig, sittenstreng, treu bis in den Tod und ausgestattet mit einer »geistigen Veranlagung« zum Herrenmenschen.

Auf Fakten konnten sich solche Behauptungen kaum stützen. Fast spurlos ist die germanische Welt wieder ins Dunkel der Geschichte abgetaucht.

Schriftliche Zeugnisse haben die Walhalla-Gläubigen kaum hinterlassen, ihr Hauptwerkstoff Holz verrottete im Boden. Und ihre Verstorbenen lösten die Nordländer in Rauch auf. »Die Toten wurden bekleidet, geschmückt und auf einem Scheiterhaufen verbrannt«, erläutert der hannoversche Archäologe Hans-Jürgen Häßler. Der »Leichenbrand«, kalzinierter Knochengrus, kam in eine Urne.

Hunderttausende solcher Tongefäße lagern in deutschem Boden. Zu den größten Germanen-Nekropolen gehören Issendorf bei Stade (6500 Urnen) und das jüngst entdeckte Gräberfeld von Mühlen-Eichsen bei Schwerin. Auf dem Neun-Hektar-Areal werden 10.000 Aschebehältnisse vermutet.

Meist finden sich in den Urnen außer den Knochenbröseln nur Metallklammern (»Fibeln«), mit denen die Germanen ihre wollenen Gewänder über der Schulter schlossen – »ein typischer Einheitslook von Dänemark bis Polen«, wie der Archäologe Jaspar von Richthofen sagt.

Luxusgüter wie Glasperlen und Schmuck, aber auch Eisenwaffen sind in den Gräbern selten anzutreffen. War der Germane ein Habenichts? Der Thing, die Volksversammlung, fand unter freiem Himmel statt. Kalender oder Töpferscheiben existierten nicht. Die Geldwirtschaft und das Königtum waren den Stammeskulturen fremd.

Unverblümte Skepsis gegenüber früheren Verklärungen der kriegsliebenden Metsäufer hatten schon in den achtziger Jahren DDR-Archäologen angemeldet. »Gering entfaltete Produktivkräfte sowie die unzulängliche Infrastruktur«, so das Fazit der DDR-Forscher, hätten bei den germanischen Vorfahren »die Übernahme fortgeschrittener Technologie erschwert und verzögert«.

Solch ernüchternde Einsicht greift nun zunehmend Platz in der Altertumswissenschaft. Zahlreiche Landesdenkmalämter schürfen in heimatlicher Erde nach den Spuren der Vorväter. Die von den Nazis als »Edelrasse« verklärten Urahnen zeigen ihr wahres Gesicht.

Angefacht wurde der Forschungseifer nicht zuletzt durch die Wiedervereinigung. Brandenburg, Thüringen und Mecklenburg gelten als fundreiche Kernlande der Germanen. Anfang Oktober traten über 600 Forscher in Leipzig zum zweiten gesamtdeutschen Archäologenkongreß zusammen, um die neuen Erkenntnisse zu diskutieren.

Wie vorweltlich der nordische Siegfried sein Leben fristete, läßt sich nahe Cuxhaven aus erster Hand studieren. Nur wenige 100 Meter von der Nordseeküste entfernt stieß der Cuxhavener Kreisarchäologe Matthias Schön auf einen künstlich aufgeschütteten Siedlungshügel (»Wurt«), der sich ursprünglich wie eine Insel aus dem Marschland erhob.

»Rund 200 Menschen vom Stamm der Chauken kämpften hier um ihr täglich Brot«, sagt Schön. Ungehindert von Deichen konnten Sturmfluten heranrollen und das Ackerland überschwemmen. Im Winter war das Dorf für Monate nur mit dem Boot erreichbar. In diesem öden Gelände pflanzten die Bauern Getreide und Saubohnen an. Bohlenwege schufen Verbindungen quer durch den Morast.

Besonders ertragreich war die archäologische Grabung auf dem Friedhof der Wurt. Dort stießen die Experten auf die letzte Ruhestätte des Dorfhäuptlings. Als Sarg diente ein 4 Meter langer Einbaum, der – großes Erstaunen – »die allerältesten Möbelstücke Deutschlands« (so das Fachblatt Sammler-Journal) enthielt.

Zutage kam ein exotisch gestylter, niedriger Speisetisch mit fünf Füßen. Daneben lag ein »thronähnlicher Sessel«, der eher an einen Waschtrog erinnert. Der Sitz ist aus einem hohlen Erlenstamm geschnitzt, 65 Zentimeter hoch und an der Lehne mit Hakenkreuzen-Mäandern verziert.

Für Aufsehen sorgte auch ein Schemel, den der chaukische Dorfschulze wohl als Fußbank benutzt hatte. Auf dem kleinen Tritt sind Runen eingeritzt. Eine Weissagung oder mythische Botschaft aus friesischer Frühzeit?

Anfang des Jahres gelang es dem Runenspezialisten Klaus Düwel von der Universität Göttingen, die zackigen Zeichen zu dechiffrieren. Danach machte sich Katerstimmung breit. Die Rune auf der Rückseite des Schemels bedeutet nichts weiter als »Schemel«, für Düwel ein Indiz für den noch »naiven Umgang der Germanen mit der Sprache«.

Die Schreib- und Leseschwäche der Germanen ist auch durch andere Runenfunde belegt. Meist prangen die Zeichen

Landesarchäologe Schön mit germanischem Tisch

auf kostbaren Gegenständen und geben den Namen des Besitzers wieder. Schriftpassagen mit zehn oder mehr Zeichen sind selten. Lesen, so Runenforscher Düwel, »konnte sowieso kaum einer«.

Auch auf militärischem Gebiet haben die Urväter der Deutschen inzwischen ihren Glanz eingebüßt. Vor allem die »Schlacht im Teutoburger Wald« galt der völkisch ideologisierten Vorgeschichtsforschung bisher als Inbegriff germanischer Größe, Kraft und Herrlichkeit.

Doch mit dem Auffinden des historischen Schlachtortes in Kalkriese nahe Osnabrück macht sich nun eine ernüchternde Erkenntnis breit. Rund 3000 Fundsplitter konnte Varus-Chefforscher Wolfgang Schlüter mittlerweile auf dem Kampfplatz ausgraben. Doch nicht eine einzige germanische Waffe ist dabei, weder Framen (Wurflanzen) noch Saxen (Kurzschwerter) oder Holzkeulen.

Für diesen Umstand gibt es eine plausible Erklärung: Die Chatten und Cherusker, miese Metallurgen, die sie waren, hätten mit selbstproduzierten Waffen niemals das mächtige Varus-Heer niederstrecken können.

Die Kampftruppen des Arminius, behauptet der Würzburger Dieter Timpe, hätten vielmehr »fast ausschließlich aus abtrünnigen Auxilien« bestanden, germanischen Hilfsverbänden der Römer, die von der Fahne gegangen waren. Mit römischen Waffen bestens ausgerüstet, seien sie ihrem Dienstherrn meuchlings in den Rücken gefallen.

Auf einer Fachtagung in Osnabrück war von pathetischem Gedröhn denn auch wenig zu hören. Nur wenig Zuspruch fand der Osnabrücker Historiker Rainer Wiegels, der den Coup trotzig als »heldenhaften Abwehrkampf gegenüber drohender römischer Überfremdung« einstufte.

In seinem Grußwort an den Kongreß schlug Niedersachsens Ministerpräsident Gerhard Schröder einen anderen Ton an. Bei Kalkriese sei das »ruhmreiche römische Heer von einer Horde ungebildeter Mitteleuropäer« besiegt worden – ein Urteil, das dem Mitglied der Toskana-Fraktion genüßlich über die Lippen ging.

Schröder liegt nicht so falsch. Auch die Forscherzunft ist dabei, das Scheitern von Augustus' Germanienpolitik umzuwerten. Roms Vorstoß an die Elbe habe einem »Einmarsch in die Dritte Welt« geglichen, meint der Wiener Historiker Herwig Wolfram. Die Feldherren Varus und Germanicus hätten an der Elbe »ihr Vietnam« erlebt.

Quintessenz der neuen Einschätzung: Der römische Staat

rückte von seinem Unterjochungsplan aus politisch-ökonomischem Kalkül ab. Es lohnte sich einfach nicht, ein Land zu erobern, das sich selbst kaum ernähren konnte.

Doch auch der merkwürdige Expansionsdrang der Germanen gerät nun schärfer ins Blickfeld der Forscher. Explosionsartig breiten sich die Stämme um Christi Geburt in der nördlichen Hemisphäre aus. Bis nach Norwegen und in die Ukraine reichen die germanischen Siedlungsgebiete.

Den bizarrsten Fußweg legten die Goten zurück. Fünf Jahrhunderte lang geisterte dieser Stamm durch halb Europa. Der polnische Archäologe Andrzej Kokowski hat den Irrlauf anhand von Scherbenfunden und Siedlungsspuren detailliert rekonstruiert und in einem Buch dokumentiert*.

Ausgangspunkt der Goten-Wanderung ist demnach das schwedische Gotland. Von dort setzen Stammesteile mit Booten über die Ostsee und breiten sich im Danziger Raum aus. 160 nach Christus rückt der Clan nach Südpolen vor. 70 Jahre später taucht er am Schwarzen Meer auf. Dort wird 375 nach Christus das Ostgotenreich von den anstürmenden Hunnen zerschlagen – der Stamm flutet westwärts nach Böhmen.

Der Höhepunkt der Bewegungslust wird im 5. Jahrhundert mit der Völkerwanderung erreicht. Die Germanen, mittlerweile zu mindestens acht Großstämmen (Sachsen, Friesen, Franken, Alemannen, Goten, Wandalen, Angeln und Jüten) zusammengewachsen, branden wie die Lemminge in Richtung Süden. Unter dem Ansturm der Massen bricht das Imperium Romanum schließlich zusammen.

* Christian Leiber (Hrsg.): »Schätze der Ostgoten«. Konrad Theiss Verlag, Stuttgart; 220 Seiten.

Doch welche Triebfeder steckte hinter der geheimnisvollen Mobilität? Was hielt die Barbaren pausenlos auf Trab? Und vor allem: Wo kamen die Invasoren ursprünglich her?

Auf solche Rätselfragen nach der germanischen Rastlosigkeit gibt es nun Antworten. So ist es den Forschern gelungen,

- ▷ die mutmaßliche Heimat und Keimzelle der blonden Riesen ausfindig zu machen,
- ▷ ihren Wandertrieb mit Nahrungsproblemen und Klimaschwankungen zu erklären und
- ▷ die »raffgierige Mentalität« (der Münsteraner Frühgeschichtler Albrecht Jockenhövel) der Nordvölker zu belegen; auf Hungersnöte im eigenen Stammesgebiet reagierten sie mit Raubzügen, die sie immer weiter in die Ferne trieben.

Begehrlichkeiten weckte vor allem der Reichtum Roms. Die Geschichte Germaniens, so die Arbeitshypothese des Gottorfer Archäologen Michael Gebühr, sei »die Geschichte der Peripherie, die eine zum Teil parasitäre Raubexistenz auf Kosten des Zentrums der Hochkultur führte«.

Besonders interessant ist die neue Theorie über das Ursprungsgebiet der Wodan-Anhänger. Vorgelegt hat sie der Sprachforscher Jürgen Udolph. Seine Behauptung: »Die Keimzelle der germanischen Kultur lag zwischen Harz, Rhön und Erzgebirge.«

Udolphs Beweiswerk, 1000 Seiten dick, wird in der Zunft derzeit heftig diskutiert*. Bislang war die Heimat der blon-

* Jürgen Udolph: »Namenkundliche Studien zum Germanenproblem«. Walter de Gruyter, Berlin/New York; 1036 Seiten.

den Recken (Durchschnittsgröße der Männer: 1,75 Meter) in Skandinavien vermutet worden.

Das stimmt wohl nicht. 11.000 deutsche Dorf- und Gewässernamen hat Udolph in seinem Wälzer mit Computerhilfe ausgewertet. »Ortsnamen sind die Friedhöfe der Sprache«, sagt der Professor aus Göttingen, »sie reichen oft bis ins 2. vorchristliche Jahrtausend zurück.«

Fündig bei seinen Recherchen wurde der Wortschatzgräber vor allem im Umkreis des Harzes. Dort gibt es zahlreiche Dörfer mit typisch germanischen Endungen wie -ing und -ung, aber auch Ortsbezeichnungen, die aus den germanischen Wasserwörtern Fenn (Moor), Hor (Sumpf) oder Riede (Bachlauf) gebildet wurden. Andere Siedlungsnamen wiederum basieren auf germanischen Grundwörtern wie -hude, -leben, -loh oder -horst.

Solch eine enorme Vielfalt an Urworten findet sich sonst nirgendwo auf der Landkarte. Liegt die Keimzelle der Proto-Germanen demnach im Harz? Für Udolph steht fest: »Etwa 500 vor Christus zogen die Proto-Germanen von hier los und nahmen ihre Sprache mit.«

Exakt in dieser vorgermanischen Urzelle, dem Harz, ist nun eine fulminante archäologische Entdeckung gemacht worden: Bei Osterode stießen Forscher auf eine 2800 Jahre alte Opferhöhle. »Ein Juwel«, schwärmt Kreisarchäologe Stefan Flindt.

Schon allein die Lage der heiligen Stätte ließ die Forscher erschaudern. Die Opferhöhle liegt tief hinter einem Steilhang verborgen. Kaum 40 Zentimeter ist die Einstiegsspalte groß, die 50 Meter weit in den Berg hineinführt. Dort mündet der vielzackige Schlund in fünf enge Katakomben.

Germanischer Thronsessel aus dem Grab des Dorfschulzen

Als sich Flindt zum erstenmal durch den Steintunnel zwängte, bot sich ihm ein Bild des Grauens. Die Felsgrotten, eingeschwärzt von Fackelrauch, waren mit menschlichen Skeletten übersät.

Den aufgefundenen Bronzeketten nach zu urteilen gehören die Toten zur sogenannten nordthüringischen Unstrutgruppe. Zur Zeit werden die Knochenberge am Anthropologischen Institut in Göttingen untersucht. Vorläufiges Ergebnis: Es handelt sich um vollständige Skelette von 34 Männern, Frauen und Kindern.

Um in den düsteren Kavernen überhaupt arbeiten zu können, haben die Archäologen einen breiten Stollen in den Steilhang treiben lassen. Doch wie gelangten einst die Harzer Ur-Germanen in die Kultstätte hinein?

»Die ersten 20 Meter geht es nur bäuchlings vorwärts«,

sagt Flindt. Angesichts des extrem schmalen Zugangs glaubt er, daß die Geopferten »aus eigener Kraft in die Höhle gelangt sein müssen«. Dort wurden sie »möglicherweise mit Gift getötet« (Flindt). Gewaltspuren sind an den Knochen nicht nachweisbar.

Immer wieder müssen Priester durch den Grottenschlund gekrochen sein, um im lichtlosen Innern des Berges heilige Handlungen zu zelebrieren. Flindt geht davon aus, daß die Getöteten in der Höhle verwesten: »Es muß da bestialisch gestunken haben.«

Irgendwann um 500 vor Christus, so das Szenario, kam dann Bewegung in die archaischen Stämme zwischen Harz und Erzgebirge. Sie begannen herabzusteigen in die schier unermeßlichen Ebenen des Nordens.

Die protogermanischen Wanderer gerieten dabei in ein unwirtliches Land. Ausgedehnte Hochmoore überzogen Niedersachsen, sumpfige Weiten erstreckten sich in Dänemark. In den verregneten Einöden Mecklenburgs und Pommerns gluckste der Schlick.

Dennoch boten sich gute Chancen für die Landnahme. In den Jahrhunderten vor Christi Geburt stiegen die Temperaturen deutlich an. Zugleich senkte sich der Meeresspiegel. Küstennahe Gebiete an Nord- und Ostsee fielen trocken.

Diese nassen, torfigen Niederungen nahmen die Siedler nun in Besitz. An aufgelandeten Priel- und Uferzonen begannen Friesen und Chauken Land zu kultivieren. In Norddeutschland breiteten sich die Bauern vom Geestrücken in die Marsch aus. Auf der Insel Fünen nahm die Bevölkerung, Urnenfunden zufolge, stetig zu.

Auf den meeresnahen Äckern lebten die Stämme in einem

prekären Gleichgewicht mit der Natur. Immer wieder raubten ihnen Sturmfluten die Ernten. Lange Phasen mit feuchten und kühlen Sommern erhöhten die Staunässe in den Böden. Resultat, so Gebühr: »Vermoorte Felder verringerten die Getreideerträge, was zu ernsten Ernährungskrisen führte.«

Solche Rückschläge konnten die Stammesgesellschaften kaum abfedern. Jeder germanische Dorfverband setzte auf Selbstversorgung. Blieben die Vorratskammern leer, hob im Winter das große Magenknurren an.

Indizien für die elende Lebensqualität lieferten anatomische Untersuchungen an einem weiblichen Skelett aus der Wurtensiedlung Feddersen Wierde bei Bremerhaven. Die Frau litt unter Wachstumsstillständen, Skorbut, Parodontose und Arthrose, ehe sie im Alter von etwa 25 Jahren starb. An anderen Skeletten konnten Knochentumoren nachgewiesen werden.

Auf fast allen germanischen Friedhöfen finden sich Menschen mit ähnlichem Leidensweg. Im Gräberfeld von Liebenau in Nordhessen liegt das Durchschnittsalter der Bestatteten bei 23 Jahren. Fast jede dritte Urne ist mit der Asche von Babys und Kleinkindern gefüllt. »Die Kindersterblichkeit«, sagt Historiker Wolfram, »war horrend.«

Doch selbst in fruchtbaren Zeiten blieb das soziale Gefüge instabil. Gutes Wetter hob die Ackererträge. Resultat: Die Kindersterblichkeit sank, die Population nahm zu. Wiederum war das Biotop überfordert.

So entwickelte sich jener Teufelskreis aus »Klimaschwankungen, Hungersnöten und Überbevölkerung«, den der Gottorfer Experte Gebühr als ein wiederkehrendes Merkmal der germanischen Lebenswelt ansieht. »Ständig«, vermutet

Nydam-Boot: Völkerfähre über den Kanal

er, »mußten ganze Stammesteile abwandern und woanders ihr Glück suchen.«

Wie solche Wanderwellen aussahen, ist aus antiken Quellen bekannt. Bereits im Jahr 113 vor Christus machte Rom erste unliebsame Bekanntschaft mit den mobilen Analphabeten jenseits der Alpen.

Das Grauen kam in Gestalt von Kimbern und Teutonen. Diese Germanen-Stämme waren von ihrer Heimat Jütland in Richtung Süden aufgebrochen und »wie eine Wetterwolke über Gallien und Italien hereingebrochen«, wie der Geschichtsschreiber Plutarch notierte. In Kärnten warf Rom den Invasoren mehrere Legionen entgegen – und wurde ruhmlos hinweggefegt.

Nicht allein deren Kriegsglück, auch das Gebaren der Feinde verunsicherte die Weltmacht. »In ungeheurer Menge, gräßlich anzusehen und mit völlig fremdem Stimmenklang und Geschrei«, erzählt Plutarch, seien die Urdänen in die Schlacht marschiert.

Noch beunruhigender wirkte der Siegesritus der Barbaren. Nach dem Kampf knüpften sie Roms Soldaten an Bäumen auf, Pferde wurden ertränkt. Dann zerhackten die Teutonen Schmuck und Kettenpanzer der Legionäre. Erbeutetes Gold und Silber schmissen sie in einen Fluß.

Was für geistesverwirrte Fremdlinge waren da im Anmarsch? Erst dem römischen Kriegsherrn Marius gelang es, mit 50.000 hart gedrillten Berufssoldaten das Teutonenheer im Jahr 102 vor Christus bei Aix-en-Provence zu vernichten. Das Grausen blieb: In Rom grassierte fortan die Angst vor dem »Furor teutonicus«.

Richtig nahe rückte das Problem aber erst unter der Herrschaft Julius Cäsars. In einer blutigen Parforce-Tour hatte der militärische Genius 58 bis 51 vor Christus Gallien überrannt. Nun waren Römer und Germanen Nachbarn.

Bei seinem Vormarsch durch Gallien war der römische Imperator auf ein Volk gestoßen, das Sonnenkulten anhing, Druiden und heilige Misteln verehrte, aber auch Bergbau betrieb und in Städten mit bis zu 20.000 Einwohnern lebte – die Kelten. Diese Kulturgruppe akzeptierte den römischen Lebensstil. Bald dienten die Kelten als gehorsame Steuerzahler.

Das Land östlich des Rheins dagegen blieb Cäsar suspekt. »Einhörner«, kolportierte er in seinem Kriegsbericht »Bellum Gallicum«, würden in den nordischen Wäldern leben. 55 vor Christus ließ der Machthaber eine Brücke über den Rhein bauen und betrat als erster Römer germanischen Boden. Es blieb beim Kurzbesuch. Sowohl das Klima (»Neun

Monate Winter und kein Sommer«) als auch das ungehobelte Wesen seiner Bewohner machten ihn verdrießlich.

Zugleich war es Cäsar, der diesem »alter orbis«, dieser fremden Welt, ihren Namen aufdrückte. Das großflächige Schema – die linksrheinischen Völker »Gallier« und die rechtsrheinischen »Germanen« zu nennen – geht auf den römischen Feldherrn zurück.

Anders als die Gallier verharrten die Germanen auf dem Niveau von »Hinterwäldlern« (so der Frühgeschichtler Jockenhövel). Ihre Dörfer zählten höchstens 300 Einwohner. Handel und Märkte waren unterentwickelt. Nach Spuren von Bergbau, etwa im Harz, suchen die Forscher bislang vergebens.

Kein Wunder: Schweißtreibende Arbeiten wie das Handwerkern oder Ackerbau und Viehzucht standen bei den Germanen-Männern nicht hoch im Kurs. »Die Sorge für Haus, Hof und Feld bleibt den Frauen, Alten und allen Schwachen überlassen«, schrieb schon Tacitus. Der Wendepflug (der die aufgerissene Scholle umwirft) setzte sich, obwohl seit Christi Geburt in Nordeuropa bekannt, nur mit Verzögerung durch.

Alle nervigen Verrichtungen oblagen dem weiblichen Geschlecht. Die Frauen mußten töpfern, weben, an Butterfässern walken oder (aus Asche und Wollfett) Seife kochen. An ihren primitiven Tonherden brieten sie – nach Ansicht der verwöhnten Römer – ein fades, gewürzloses Essen.

Um die Zeitenwende etabliert sich in Norddeutschland auch auf Friedhöfen die Trennung der Geschlechter: Frauen werden gesondert bestattet. Als typische Urnenbeigaben dienen Spinnwirteln, Nähnadeln und Glättsteine zum Bügeln – nach Ansicht Gebührs eine »Ausstattung für Hausmütterchen«. Importierte römische Luxuswaren oder mit

Germanisches Mädchen (plastische Nachbildung eines Schädels)

Alkohol gefüllte Trinkgefäße finden sich ausschließlich in Männergräbern.

Vor dem 20. Lebensjahr den Beischlaf auszuüben war verpönt. Ehebruch durfte der gehörnte Gatte mit Totschlag ahnden. Meist begnügte er sich jedoch damit, seine Frau geschoren durchs Dorf zu prügeln und aus der Siedlungsgemeinschaft zu verbannen.

Während die Frauen das Haus besorgten, frönte der Barbaren-Macho, wie schon Cäsar berichtete, »der Jagd und militärischen Übungen«. Keine Zeit für frohes Schaffen daheim: »Die Germanen lebten aus dem Pathos des Heldentums«, sagt Historiker Wolfram, »der Krieg war der Normalzustand, der Friede mußte erst vertraglich festgelegt werden.«

Anschaulich beschreiben römische Quellen das Kriegsgebaren der Stämme. Die hinter dem Erzgebirge siedelnden Harier etwa kämpften mit schwarzen Schilden und zogen mit rußbemalten Körpern in die Schlacht, was Tacitus an »das Grauenvolle und Schattenhafte« eines »Totenheeres« erinnerte.

Vor wichtigen Schlachten schnitten germanische Priesterinnen Gefangenen die Kehlen durch. Aus dem vergossenen Blut, das in Opferkessel rann, sagten sie die Siegeschancen voraus. Auch menschliche Eingeweide wurden zum Orakellesen benutzt.

Doch der Einblick in die Glaubenswelt der Nordeuropäer ist immer noch weitgehend versperrt. Nach den zentralen Heiligtümern der Nordstämme suchen die Experten vergeblich. Niemand weiß, wo »Tanfana«, die zentrale Kultstätte der Marser, lag. Auch der Standort der »Irminsul«, der »Weltsäule« im Heiligtum der Altsachsen, ist nicht bekannt.

Alten Reliefs zufolge handelte es sich um einen reichverzierten, riesigen Baumstamm.

Dafür sind einige der regionalen Opferstätten ausgegraben worden. Zu den ergiebigsten Fundstellen gehört das Opfermoor von Oberdorla in Thüringen. Das Bezirksheiligtum, an einem Quellsee gelegen, wurde seit dem 1. nachchristlichen Jahrhundert von Hermunduren benutzt.

Insgesamt 4575 Tierreste konnten dort aus dem Boden geklaubt werden, darunter Knochen von 114 Rindern, 54 Hunden, 24 Pferden, aber auch von wilden Arten: Wölfen, Fischottern und Schildkröten. Als Begrenzung für die Kultareale dienten Stöcke und Astgabeln. Einige der Pfähle sind mit grimmig blickenden Idolen verziert.

Manchen Tieren zerschlugen die Ur-Thüringer bei ihren Kulthandlungen die Röhrenknochen und löffelten das Mark heraus – feine Zutat zur Opferbrühe. Das meiste Vieh aber wurde säuberlich entbeint, die Knochen, zu Bündeln verschnürt, wurden an den Stäben aufgehängt. Aus dänischen Kultmooren ist der germanische Brauch dokumentiert, abgeschlagene Pferdeköpfe mitsamt der Felle aufzuspießen.

Forscher stufen diesen Ritus als »Erbe der urzeitlichen Jägerkultur« ein. In der Steinzeit war die Zeremonie auf allen Erdteilen verbreitet. Einige Germanenstämme hielten an dem paläolithischen Weidmannsbrauch noch im 4. nachchristlichen Jahrhundert fest – länger als jedes andere Volk in Europa.

Solch grobschlächtige Archaiker zu einem zivilisierten Volk von Steuerzahlern zu erziehen – an diesem Vorhaben mußten die antiken Machtpolitiker aus Italien scheitern. Roms imperialistisches Erfolgsrezept – erstens: militärische Eroberung, zweitens: Know-how-Export, drittens: Abschöpfen der

Aufgespannte Pferdehäute als Relikt germanischen Jagdkults im Freilichtmuseum Lejre

gesteigerten Produktivkraft – wollte im Land der Wodan-Anhänger nicht recht greifen.

Doch Roms Generalangriff auf Germanien wurde schließlich ohnehin aus der Not heraus geboren: Immer aufs neue brandeten die Hungerleider aus dem Norden gegen die von Cäsar errichtete Demarkationslinie am Rhein und bedrohten die Pax Romana.

16 vor Christus, nach einem Überfall der Sugambrer – sie waren bei Bonn über den Rhein gesetzt und hatten eine römische Legion vernichtet –, war das Maß voll. Kaiser Augustus, »Der Erhabene«, entschied sich zur Vorwärtsverteidigung.

Allein die logistischen Vorbereitungen für seinen Germanien-Coup muten monströs an. 50 Kastelle ließ der Kaiser am Rhein als Heerlager und Nachschubbasen errichten, um seine Offensive in das verregnete Nordland abzusichern.

Dann schlug das Imperium los: 15 Legionen marschierten, im Jahre 15 vor Christus, in zwei Heerzügen zangenartig über die Alpen und rückten zur Donau vor.

Erst 1992 gelang der archäologische Nachweis für diesen in zahlreichen antiken Quellen dokumentierten Feldzug. Bei Oberammergau wurden umfangreiche Waffenfunde ans Licht gefördert – Reste einer Auseinandersetzung der Legionäre mit den Raetern, einem Keltenstamm, der sich den Römern bei ihrem Vormarsch in den Weg gestellt hatte.

Beim Einrücken in Baden-Württemberg, Bayern und Rheinland-Pfalz konnten die römischen Soldaten verschnaufen. Das Gebiet, vormals von Kelten bewohnt, war menschenleer. »Zwischen 50 vor und 50 nach Christus fehlen uns hier jegliche Siedlungsspuren«, sagt der Regensburger Archäologe Michael Rind.

Stracks konnten die Römer die Donau befestigen und das süddeutsche Gebiet in ihr Reich eingliedern. Dann folgte Teil zwei der Operation Nordlicht: Der Feldherr Drusus sammelte die Truppen in den Rheinlagern. 12 vor Christus schlug der damals 26jährige Heißsporn los und unterwarf die Nordseeküste. 11 vor Christus standen seine Truppen an der Weser. Zwei Jahre später war die Elbe erreicht.

5 nach Christus stieß eine römische Flotte sogar bis zum Skagerrak vor. Mehrere Nordseeinseln wurden erkundet, darunter Borkum und die »Bernsteininsel Abalus« (gemeint ist wahrscheinlich Helgoland).

Die militärischen Triumphe im nordischen Dickicht zehrten indes gewaltig an der Staatskasse in Rom. »Germanien war so arm, daß es hier nichts zu plündern gab«, sagt Archäologe Schlüter. Die Legionäre mußten bei ihrem Vormarsch sämtliche Vorräte mitführen.

Mit großen Lastkähnen bugsierten sie Getreideladungen zu den Militärforts an der Lippe. Eine dieser vorgeschobenen Nachschubbasen, das Lager Haltern nahe Recklinghausen, besaß einen Flußhafen mit acht Schiffshäusern.

Noch tiefer im Feindesland lag der Stützpunkt Anreppen bei Paderborn (erbaut wahrscheinlich 4 nach Christus). Dort haben westfälische Archäologen ein 23 Hektar großes Areal erfaßt. Es war dicht bebaut mit Soldatenquartieren, einem 70 Meter langen prachtvollen Kommandeursgebäude sowie einer »fabrica« mit einer Trocknungsanlage für Getreide.

Doch selbst diese Versorgungsbasen reichten nicht für eine dauernde Präsenz im Nebelland. Um ihre rund 50.000 Germanienkämpfer zu ernähren, mußte sich die römische Besatzungsmacht im Winter immer wieder hinter die Rheinlinie in ihre Kastelle zurückziehen.

Schließlich tappte das Besatzungsheer bei Kalkriese in den Hinterhalt des Cheruskerfürsten Arminius. Nach dieser Pleite ließ Rom von den rumorenden Barbaren ab, verschanzte sich hinter Rhein, Donau und Limes und überließ die unbeugsamen Rapunzelfresser sich selber. Die Germanen verharrten fortan in einem Zustand der Agonie, gebeutelt von Nahrungskrisen und Stammesfehden.

Rund 300 Jahre hielt der Limes als Bollwerk gegen das Armenhaus Europas. Dann erlahmten Roms Kräfte unter dem Ansturm der jähzornigen Plünderer.

Wie die blonden Marodeure aus dem Norden bei ihren Raubzügen vorgingen, konnten Archäologen jüngst in einem römischen Landgut, der Villa rustica in Regensburg-Harting, rekonstruieren. Erst überfielen die Germanen das Anwesen. Dann töteten sie die Bewohner mit Äxten, Frauen wurden skalpiert. Im Verlauf einer sich anschließenden Zeremonie zerstückelten die Räuber 13 Personen und warfen die Leichenteile in die Hofbrunnen.

Der Grund für den neuerlichen Massenansturm auf römisches Gebiet könnte wiederum das Klima gewesen sein. Um 300 nach Christus wird es in Nordeuropa erneut kühler und feuchter. »Die jüngsten Pollenanalysen im Nord- und Ostseegebiet haben gezeigt, daß ganze Siedlungsgebiete ruckartig ausdünnten«, sagt der Gottorfer Gebühr.

Zusätzliche Malaisen erlitten die Nordstämme durch die »zweite subatlantische Meerestransgression«, wie die Geologen das Desaster nennen: Im 4. Jahrhundert stieg der Meeresspiegel wieder deutlich an. Die Nahrungsgrundlagen schwanden, permanente Stammeszwiste waren die Folge.

Auf dem Höhepunkt der Krise machten sich die Angeln, Jüten und Sachsen davon. Sie setzten im 5. Jahrhundert in großer Zahl nach England über. Benutzt wurden dabei grob beplankte Ruderboote. Eines der segellosen Schiffe, das sogenannte Nydam-Boot, konnte 1863 aus einem dänischen Moor geborgen werden. Der Kahn bietet Platz für 45 Personen.

Mit Computerhilfe hat Gebühr den Völkertransfer nach Nordwesten vor einiger Zeit simuliert. »Bei Schönwetterfährbetrieb mit 50 Booten«, schätzt er, könnten 25.000 Menschen in acht Jahren auf die britische Insel hinübergeschafft worden sein.

Doch auch im Süden gab es schon lange kein Halten mehr.

Großstämme wie die Alemannen und die Goten spazierten ungehindert über den Limes-Schutzzaun. 476 nach Christus schließlich stürzte der germanische Heerführer Odoaker den letzten weströmischen Kaiser Romulus Augustulus und versetzte der Weltmacht den Todesstoß. Das Zeitalter der Antike war beendet.

So verwirrend der Zusammenbruch der antiken Ordnung und das Phänomen der Völkerwanderung, die Millionen auf die Beine brachte, auch scheinen mögen – für den Archäologen Gebühr spiegelt sich darin nur »ein Archetypus menschlichen Verhaltens«.

»Warum zogen die Wandalen von Schlesien nach Nordafrika, die Burgunder aus dem Berliner Raum nach Spanien, die Langobarden von Hamburg bis nach Oberitalien?«, so lautete seit Jahrzehnten eine Zentralfrage der Archäologen. Gebühr schlägt eine »mögliche Antwort« vor: »Sie hatten in der Heimat die Grenzen des Wachstums erreicht und versuchten, die Krise mit Flucht oder Gewalt zu lösen.«

Vom Mythos des edel gesinnten Siegfried und seiner rassisch hochwertigen Blutsbrüder, von nordischer Sittenkraft und Charakterstärke bleibt, angesichts der in den letzten Jahren zutage geförderten archäologischen Beweisstücke, wenig übrig. Viel eher erscheint der Germane als diebischer und plattsinniger Störenfried, unter dessen plumpen Händen die nachantike Welt ins kulturlose Chaos fiel.

»Von hehrer Gesinnung zeugt der europäische Siegeszug der Germanen nicht«, faßt der Wiener Historiker Wolfram den Forschungsstand zusammen. Was dieses Volk trieb, sei nicht »patriotischer Freiheitssinn« gewesen, sondern schlicht »Hunger und Not«.

Register

Kursiv gesetzte Ziffern verweisen auf die Abbildungen.

Bildnachweis

Archäologisches Landesmuseum Schleswig: 211
Bartsch, Werner (Hamburg): 203
Behnke, Ben (Hamburg): 94, 101, 115, 123, 137
Bilderdienst (Süddeutscher Verlag, München): 191
Bridgeman Art Library (London): 98
Brill, D. (Atlanta): 26, 61
Camera press digital (Picture Press, Hamburg): 170
DER SPIEGEL (Hamburg): 23, 27, 30, 32, 35, 49, 66, 69, 72, 76, 84 f., 96, 104 ff., 112 f., 125, 133, 139, 144 f., 161, 166 f., 197
Elsler, C. (Historisches Farbarchiv, Norderney): 142, 164
Ferorelli, E. (Agentur Focus, Hamburg): 65
Funk, Stephan (Munderkingen): 82
Historisk Arkaeologisk Forsögscenter (Lejre): 194, 217
Hurn, David (Agentur Focus, Hamburg): 186
Jeff Foutt Productions (New York): 57
Kuu, Johann (Sipa Press, Paris): 41
Lang, Hero (Bremerhaven): 208
Leeser, T. (Bilderberg, Hamburg): 94
Matzel, M. (Das Fotoarchiv): 26, 168
Neave, R. (Manchester): 214
Picture Finders (Bavaria Verlag, Gauting): 152
Schöne, Karsten (Zeitenspiegel, Weinstadt): 79
Volz, Wolfgang (Bilderberg, Hamburg): 50
Weber, Wolfgang M. (München): 130, 165